ELSA ARZATE HERNÁNDEZ
ELSA ALEJANDRA MARIEL SOFIA BARJAS ARZATE
GUIPSON DHAITY DHAITY

FUNDAMENTOS DE LOS SISTEMAS NUMÉRICOS

ELSA ARZATE HERNÁNDEZ
ELSA ALEJANDRA MARIEL SOFIA BARJAS
ARZATE
GUIPSON DHAITY DHAITY

FUNDAMENTOS DE LOS SISTEMAS NUMÉRICOS

Tecnológico Nac. de México Campus Toluca

Editorial Académica Española

Publisher:
Editorial Académica Española
is a trademark of
Dodo Books Indian Ocean Ltd. and OmniScriptum S.R.L Publishing group
Str. Armeneasca 28/1, office 1, Chisinau-2012, Republic of Moldova, Europe
Printed at: see last page
ISBN: 978-3-330-09889-3

FUNDAMENTOS DE LOS SISTEMAS NUMÉRICOS

M. en C. Elsa Arzate Hernández
Elsa Alejandra, Mariel y Sofia Barajas Arzate
Guipson Dhaity Dhaity, M.D

Acerca del Autor

Elsa Arzate Hernández realizó sus estudios de pregrado en el sistema Tecnológico Nacional de México Campus Querétaro y posteriormente la Maestría en Ciencias Computacionales del Tecnológico Nacional de México en Toluca. Es actualmente presidenta y jefa de investigación de las carreras de Sistemas Computacionales y Tecnologías de la Información y Comunicaciones en el Tecnológico Nacional de México Campus Toluca. Tiene 29 años de experiencia como académica en la enseñanza a nivel licenciatura.

AGRADECIMIENTOS

Agradezco:

A mis padres Efraín+ y Juanita+, mi esposo Arthur, mis hijas Alejandra, Mariel y Sofia, a mis hermanos a quienes me une el amor incondicional, así como la motivación y crecimiento personal y profesional, en cada etapa de mi vida.

A mis estudiantes de ayer y hoy por inspirarme en la apertura de nuevos horizontes.

Al Tecnológico Nacional de México campus Ciudad de Toluca, por abrirme las puertas a lo largo de está travesía, llena de satisfacciones, conocimiento y oportunidades en el desarrollo de esta hermosa profesión.

A Dios por guiar el camino lleno de experiencias con la sabiduría correcta, brindándome la oportunidad de concluir proyectos como el que hoy comparto con todos ustedes.

Prólogo

Este libro presenta una breve descripción de los sistemas numéricos, integra conversiones elementales entre sistemas, binario, octal y hexadecimal.

Los Sistemas Numéricos son herramientas fundamentales para el conteo, están compuestos por símbolos, dígitos y cifras que integran a los números.

Se diseño para introducir conceptos fundamentales de los sistemas numéricos de una manera sencilla de entender de modo que el estudiante pueda resolver en forma adecuada conversiones y operaciones.

Su finalidad es la de presentar números con los cuales se pueden hacer codificaciones de información, que son esenciales para el desarrollo de aplicaciones.

Está dirigido a estudiantes de nivel medio superior y superior de las carreras de sistemas, informática y electrónica.

M. en C. Arturo Barajas Hidalgo.

Contenido

Sistemas Numéricos.

Un sistema numérico es un conjunto de símbolos y reglas que permiten representar datos numéricos (cantidades) y realizar operaciones.

Un sistema numérico está definido por la base que utiliza. Por ejemplo, nosotros cotidianamente usamos la base decimal 0-9.

1. Sistemas numéricos (Decimal, Binario, Octal, Hexadecimal).

Sistema Decimal. Sistema de numeración universal que usa 10 dígitos y se representa con: 0, 1, 2, 3, 4, 5, 6, 7, 8, 9 y su base es 10. Decimal, significa que hay 10 dígitos. Decimal o base de 10 dígitos (0, 1, 2, 3, 4, 5, 6, 7, 8, 9).

Sistema Binario. Es un sistema de numeración en el que los números se representan utilizando solamente las cifras cero y uno (*0* y *1*). Binario significa que su base es de 2 dígitos.

Sistema Octal. Es un sistema de numeración de ocho dígitos que son: 0, 1, 2, 3, 4, 5, 6 y 7. Octal significa que su base es de 8 dígitos.

Sistema Hexadecimal. Es un sistema de numeración de dieciséis dígitos que son: 0, 1, 2, 3, 4, 5, 6, 7, 8, 9, A, B, C, D, E y F; donde se utilizan los diez números y las seis primeras letras del abecedario para que su base sea 16. Hexadecimal significa que su base es 16 dígitos (los diez números y 6 letras del abecedario).

La base en los números la representaremos por un subíndice, esto quiere decir si el número del que se está hablando tiene base 2 lo representaremos como 10_2.

2. Conversiones entre Sistemas numéricos.

2.1. Conversiones de Decimal hacia las bases Binario, Octal y Hexadecimal.

<u>Para convertir de Decimal hacia cualquier base se divide entre la base a la cual se quiera convertir.</u>

- Conversión de Decimal a Binario.

Para realizar esta conversión lo que tenemos que hacer es dividir la cantidad decimal entre la base, en este caso la base del binario es 2, lo haremos varias veces obteniendo en cada división el residuo hasta que el dividendo sea menor que el divisor e ir escribiendo los residuos obtenidos en cada división en orden inverso al que han sido obtenidos.

Ejemplo 2.1.1. Convertir el número 59_{10} al sistema binario: $59_{10} \rightarrow X_2$

$$59 / 2 = 29 \quad \text{Residuo} = 1$$
$$29 / 2 = 14 \quad \text{Residuo} = 1$$
$$14 / 2 = 7 \quad \text{Residuo} = 0$$
$$7 / 2 = 3 \quad \text{Residuo} = 1$$
$$3 / 2 = 1 \quad \text{Residuo} = 1$$
$$1 / 2 = 0 \quad \text{Residuo} = 1$$

tomando los residuos en orden inverso obtenemos la cifra binaria: $59_{10} = \mathbf{111011_2}$

Ejemplo.2.1.2. Convertir $4511_{10} \rightarrow X_2$.   Ejemplo 2.1.3. Convertir $4216_{10} \rightarrow X_2$.

4511 / 2	=	2255	Residuo = 1	4216 / 2	=	2108	Residuo = 0
2255 / 2	=	1127	Residuo = 1	2108 / 2	=	1054	Residuo = 0
1127 / 2	=	563	Residuo = 1	1054 / 2	=	527	Residuo = 0
563 / 2	=	281	Residuo = 1	527 / 2	=	263	Residuo = 1
281 / 2	=	140	Residuo = 1	263 / 2	=	131	Residuo = 1
140 / 2	=	70	Residuo = 0	131 / 2	=	65	Residuo = 1
70 / 2	=	35	Residuo = 0	65 / 2	=	32	Residuo = 1
35 / 2	=	17	Residuo = 1	32 / 2	=	16	Residuo = 0
17 / 2	=	8	Residuo = 1	16 / 2	=	8	Residuo = 0
8 / 2	=	4	Residuo = 0	8 / 2	=	4	Residuo = 0
4 / 2	=	2	Residuo = 0	4 / 2	=	2	Residuo = 0
2 / 2	=	1	Residuo = 0	2 / 2	=	1	Residuo = 0
1 / 2	=	0	Residuo = 1	1 / 2	=	0	Residuo = 1

Residuos de abajo hacia arriba X = 1000110011111_2.

Residuos de abajo hacia arriba X = 1000001111000_2.

- **Conversión de Decimal a Octal.**

Para realizar esta conversión lo que tenemos que hacer es dividir la cantidad decimal entre la base, en este caso la base del octal es 8, se hace varias veces obteniendo en cada división el residuo hasta que el dividendo sea menor que el divisor e ir escribiendo los residuos obtenidos en cada división en orden inverso al que han sido obtenidos.

Ejemplo 2.1.4. Convertir el número 59_{10} al sistema octal: $59_{10} \rightarrow X_8$

59 / 8 = 7	Residuo = 3
7 / 8 = 0	Residuo = 7

tomando los residuos en orden inverso obtenemos la cifra octal: $59_{10} = \mathbf{73_8}$

Ejemplo 2.1.5. Convertir $4511_{10} \rightarrow X_8$.

4511 / 8	=	563	Residuo = 7
563 / 8	=	70	Residuo = 3
70 / 8	=	8	Residuo = 6
8 / 8	=	1	Residuo = 0
1 / 8	=	0	Residuo = 1

Resultado colocar los residuos a la Inversa: $4511_{10} = \mathbf{10637_8}$

Ejemplo 2.1.6. Convertir $4216_{10} \rightarrow X_8$.

$$4216 / 8 = 527 \qquad \text{Residuo} = 0$$
$$527 / 8 = 65 \qquad \text{Residuo} = 7$$
$$65 / 8 = 8 \qquad \text{Residuo} = 1$$
$$8 / 8 = 1 \qquad \text{Residuo} = 0$$
$$1 / 8 = 0 \qquad \text{Residuo} = 1$$

Resultado colocar los residuos
a la inversa: $4216_{10} = \mathbf{10170_8}$

- **Conversión de Decimal a Hexadecimal**.

Para realizar esta conversión lo que tenemos que hacer es dividir la cantidad decimal entre la base, en este caso la base del hexadecimal es 16, se hace varias veces obteniendo en cada división el residuo hasta que el dividendo sea menor que el divisor e ir escribiendo los residuos obtenidos en cada división en orden inverso al que han sido obtenidos.

Recordemos que en el sistema hexadecimal a partir del 10 hasta 15 se representan con letras,10=A, 11=B, 12=C, 13=D,14=E y 15=F.

Ejemplo 2.1.7. Convertir al sistema Hexadecimal el número 59_{10} haremos una serie de divisiones que arrojarán los   siguientes resultados:

$$59 / 16 = 3 \qquad \text{Residuo} = B \ (11)$$
$$3 / 16 = 0 \qquad \text{Residuo} = 3$$

y tomando los residuos en orden inverso obtenemos la cifra hexadecimal: $59_{10} = \mathbf{3B_{16}}$

$$4511 / 16 = 281 \qquad \text{Residuo} = F \ (15)$$
$$281 / 16 = 17 \qquad \text{Residuo} = 9$$
$$17 / 16 = 1 \qquad \text{Residuo} = 1$$
$$1 / 16 = 0 \qquad \text{Residuo} = 1$$

Resultado colocar los residuos a
la Inversa: 4511_{10} = **119F$_{16}$**

4216 / 16 = 263	Residuo = 8
263 / 16 = 16	Residuo = 7
16 / 16 = 1	Residuo = 0
1 / 16 = 0	Residuo = 1

Ejemplo 2.1.8. Convertir $4511_{10} \rightarrow X_{16}$.

Resultado colocar los residuos
a la inversa: 4216_{10} = **1078$_{16}$**

Ejemplo 2.1.9. Convertir $4216_{10} \rightarrow X_{16}$.

2.2. Conversiones de Binario hacia las bases Decimal, Octal y Hexadecimal.

- ### Conversión de Binario a Decimal.

El proceso para convertir un número del sistema binario a decimal es multiplicar el número de acuerdo, a su posición, por dos (que es la base binaria) elevado a la potencia correspondiente empezándola en cero, de derecha a izquierda, por ejemplo, el número binario 110_2, se empezaría a multiplicar de derecha a izquierda como se muestra a continuación:

$$0 * 2^0 = 0$$
$$1 * 2^1 = 2$$
$$1 * 2^2 = 4$$

Posteriormente, se suma el resultado de cada operación dando como resultado **6**, que es el valor que le corresponde a 110_2 en decimal.

Ejemplo 2.2.1. Convertir 1111001_2 al sistema decimal: $1111001_2 \rightarrow X_{10}$

Se toman los valores de   derecha a izquierda.

$$1 * 2^0 = 1$$
$$0 * 2^1 = 0$$
$$0 * 2^2 = 0$$
$$1 * 2^3 = 8$$
$$1 * 2^4 = 16$$
$$1 * 2^5 = 32$$
$$1 * 2^6 = 64$$

Total, suma = **121**

Para simplificar las operaciones lo que podemos hacer, es utilizar las potencias de 2 con su resultado, empezando las potencias en cero e ir incrementándolas de 1 en 1, de derecha a izquierda y solo sumar las que tengan un 1, las que tengan 0 ignorarlas y el resultado sería la suma de las que tuvieron un 1.

1	1	1	1	0	0	1
▼	▼	▼	▼	▼	▼	▼
2^6	2^5	2^4	2^3	2^2	2^1	2^0
▼	▼	▼	▼	▼	▼	▼
64	32	16	8	4	2	1

Sumamos la cifra inicial binaria las tengan un 1, en este caso sería sumar 1+8+16+32+64=**121** y obtenemos el resultado.

$$1 * 2^0 = 1$$
$$0 * 2^1 = 0$$
$$0 * 2^2 = 0$$
$$1 * 2^3 = 8$$
$$1 * 2^4 = 16$$
$$1 * 2^5 = 32$$
$$1 * 2^6 = 64$$

Total suma = **121**

De la misma manera haciendo multiplicaciones.

Ejemplo 2.2.2.
Convertir $11000111_2 \rightarrow X_{10}$

Ejemplo 1.2.2.3.
Convertir $1111000_2 \rightarrow X_{10}$

1	1	0	0	0	1	1	1
2^7	2^6	2^5	2^4	2^3	2^2	2^1	2^0
128	64	32	16	8	4	2	1

Sumamos la cifra inicial binaria las tengan un 1, en este caso sería sumar 1+2+4+64+128=**199** y obtenemos el resultado.

1	1	1	1	0	0	0
2^6	2^5	2^4	2^3	2^2	2^1	2^0
64	32	16	8	4	2	1

Sumamos la cifra inicial binaria las tengan un 1, en este caso sería sumar 8+16+32+64=**120** y obtenemos el resultado.

- **Conversión de Binario a Octal**.

Formar la cantidad binaria en grupos de 3 en 3, iniciando por el lado derecho, si al terminar de agrupar no completa 3 dígitos, entonces agregue ceros a su izquierda.

El valor máximo para un octal es 7, el 7 representado en binario es 111 es por eso, la agrupación será de 3 en 3 y si el valor no completa los 3 dígitos se agregarán 0´s a su izquierda para completar la longitud, cuando ya estén agrupados checaremos su valor.

NÚMERO	VALOR
000	0
001	1
010	2
011	3
100	4
101	5
110	6
111	7

Ejemplo 2.2.4. Convertir $1111111111_2 \rightarrow X_8$.

Proceso: Tomando los números de derecha a izquierda en grupos de 3 en 3.

    111 = 7
    111 = 7
    111 = 7
      1 entonces agregamos 001 = 1

Ahora agrupamos de abajo hacia arriba = **1777₈** y obtenemos el valor en octal.

Ejemplo 2.2.5. Convertir $11\ 001\ 111_2 \rightarrow X_8$.

Proceso: Tomando los números de derecha a izquierda en grupos de 3 en 3.
$$1\ 1\ 1 = 7$$
$$0\ 0\ 1 = 1$$
$$1\ 1 \text{ entonces agregamos } 011 = 3$$

Ahora agrupamos de abajo hacia arriba = $\mathbf{317_8}$ y obtenemos el valor en octal.

 Ejemplo 2.2.6. Convertir $101\ 000\ 000\ 111_2 \rightarrow X_8$.

Proceso: Tomando los números de derecha a izquierda en grupos de 3 en 3.
$$111 = 7$$
$$000 = 0$$
$$000 = 0$$
$$101 = 5$$
Ahora agrupamos de abajo hacia arriba = $\mathbf{5007_8}$ y obtenemos el valor en octal.

- **Conversión de Binario a Hexadecimal.**

Formar la cantidad binaria en grupos de 4 en 4, iniciando por el lado derecho, si al terminar de agrupar no completa 4 dígitos, entonces agregue ceros a su izquierda.

El valor máximo para un hexadecimal es 15, el 15 representado en binario es 1111 es por eso, que la agrupación será de 4 en 4 y si el valor no completa los 4 dígitos se agregaran 0´s a su izquierda para completar la longitud, cuando ya estén agrupados checaremos su valor.

Número	Valor	Número	Valor
0000	0	1000	8
0001	1	1001	9
0010	2	1010	A
0011	3	1011	B
0100	4	1100	C
0101	5	1101	D
0110	6	1110	E
0111	7	1111	F

Ejemplo 2.2.7. Convertir $11001111_2 \rightarrow X_{16}$

Proceso: Tomando los números de derecha a izquierda en grupos de 4 en 4.
$$1111 = F$$
$$1100 = C$$
Ahora agrupamos de abajo hacia arriba obteniendo el resultado = $\mathbf{CF_{16}}$

Ejemplo 2.2.8. Convertir $11\ 0\ 1111\ 0101_2 \rightarrow X_{16}$

Proceso: Tomando los números de derecha a izquierda en grupos de 4 en 4.
          0101 = 5
          1111 = F
          110 entonces agrega 0110 = 6
Ahora agrupamos de abajo hacia arriba obteniendo el resultado = **6F5**$_{16}$

Ejemplo 2.2.9. Convertir $111\ 0011\ 0101\ 0111_2 \rightarrow X_{16}$

Proceso: Tomando los números de derecha a izquierda en grupos de 4 en 4.
          0111 = 7
          0101 = 5
          0011 = 3
          111 entonces agrega 0111 = 7
Ahora agrupamos de abajo hacia arriba obteniendo el resultado = **7357**$_{16}$

2.3. Conversiones de Octal hacia las bases Decimal, Binario y Hexadecimal.

- **Conversión de Octal a Decimal**.

Inicie por el lado derecho del número octal, cada número multiplíquelo por 8, pero antes

debe elevarlo a la potencia consecutiva iniciando por la potencia cero.

Después sume el resultado de cada una de las multiplicaciones y el número resultante

será el equivalente al sistema decimal.

Ejemplo 2.3.1. Convertir $4023_8 \rightarrow X_{10}$

Proceso: Tomando los números de derecha a izquierda y hacemos las siguientes operaciones:

$$3 * 8^0 = 3$$
$$2 * 8^1 = 16$$
$$0 * 8^2 = 0$$
$$4 * 8^3 = 2048$$

Total suma = **2067**$_{10}$

Ejemplo 2.3.2.   Ejemplo 2.3.3.
Convertir $1234567_8 \rightarrow X_{10}$ Convertir $424612_8 \rightarrow X_{10}$

$7 * 8^0$ =   7 $2 * 8^0$ =   2

$6 * 8^1$ =   48 $1 * 8^1$ =   8

$5 * 8^2$ =   320 $6 * 8^2$ =   384

$4 * 8^3$ =   2048 $4 * 8^3$ =   2048

$3 * 8^4$ = 12288 $2 * 8^4$ =   8192

$2 * 8^5$ = 65536 $4 * 8^5$ = 131072

$1 * 8^6$ = 262144   Total, suma = $\mathbf{141706_{10}}$

Total, suma = $\mathbf{342{,}391_{10}}$

- **Conversión de Octal a Binario**.

Se sustituye cada digito octal, por sus correspondientes 3 dígitos binarios (Recuerde que se hace esto porque el máximo número octal es 7 y 7 en binario es 111, la longitud es 3). La cantidad correspondiente en binario se agrupa de izquierda a derecha, sino se llegarán a completar los 3 dígitos se completan con ceros a la izquierda.

Ejemplo 2.3.4. Convertir $14573_8 \rightarrow X_2$

Proceso: Convertimos cada número por separado a su equivalente en binario, de derecha a izquierda.

1	4	5	7	3
001	100	101	111	011

Ahora agrupamos de izquierda a derecha y obtenemos el resultado = $\mathbf{1100101\ 111\ 011_2}$

Ejemplo 2.3.5. Convertir $67541_8 \rightarrow X_2$

6	7	5	4	1
110	111	101	100	001

Ahora agrupamos de izquierda a derecha y obtenemos el resultado = $\mathbf{110111101100001_2}$

Ejemplo 2.3.6. Convertir $734571123511113_8 \rightarrow X_2$

7	3	4	5	7	1	1	2	3	5	1	1	1	3
111	011	100	101	111	001	001	010	011	101	001	001	001	011

Ahora agrupamos de izquierda a derecha y obtenemos el resultado =

$$\mathbf{111011100101111001001010011101001001001011_2}$$

- **Conversión de Octal a Hexadecimal**.

Primeramente, se sustituye cada digito octal, por sus correspondientes 3 dígitos binarios, posteriormente se convierte de binario a hexadecimal, recuerde que debe agrupar la cantidad binaria en grupos de 4 en 4, iniciando por el lado derecho, si al terminar de agrupar no completa 4 dígitos, entonces agregue ceros ala izquierda.

Por último, debe de sustituir el valor hexadecimal por cada grupo de 4.

Ejemplo 2.3.7. Convertir $156763_8 \rightarrow X_{16}$

Proceso: Convertimos cada número por separado a su equivalente en binario.

```
  1     5     6     7     6     3
 001   101   110   111   110   011
```

Binario: 1101110111110011 (Recuerda que los 0´s a la izquierda no cuentan en la expresión final).
Agrupamos de derecha a izquierda en 4 dígitos (La agrupación de 4 se hace porque va a hexadecimal y la longitud del máximo número en Hexa es de 4)

```
 1101   1101   1111   0011
```

Si hacen falta se agregan ceros a la derecha y se convierten a su número hexadecimal

```
 1101   1101   1111   0011
  D      D      F      3
```

Se convierten a su número hexadecimal y se forma el número de izquierda a derecha dando como resultado = **DDF3** $_{16}$

Ejemplo 2.3.8. Convertir $14576_8 \rightarrow X_{16}$

Proceso: Convertimos cada número por separado a su equivalente en binario.

```
  1     4     5     7     6
 001   100   101   111   110
```

Binario: 1100101111110

Agrupamos de derecha a izquierda en 4 dígitos

```
  1   1001   0111   1110
```

Si hacen falta se agregan ceros a la derecha y se convierten a su número hexadecimal

```
 0001   1001   0111   1110
  1      9      7      F
```

Se convierten a su número hexadecimal y se forma el número de izquierda a derecha dando como resultado = **197F**$_{16}$

Ejemplo 2.3.9. Convertir $523526_8 \rightarrow X_{16}$

Proceso: Convertimos cada número por separado a su equivalente en binario.

5	2	3	5	2	6
101	010	011	101	010	110

Binario: 101010011101010110

Agrupamos de derecha a izquierda en 4 dígitos

10	1010	0111	0101	0110

Y si hacen falta se agregan ceros a la derecha y se convierten a su número hexadecimal

0010	1010	0111	0101	0110
2	A	7	5	6

Se convierten a su número hexadecimal = **$2A756_{16}$**

2.4. Conversiones de Hexadecimal hacia las bases Decimal, Binario y Octal.

- **Conversión de Hexadecimal a Decimal.**

Inicie por el lado derecho del número Hexadecimal, cada número multiplíquelo por 16, pero antes debe elevarlo a la potencia consecutiva iniciando por la potencia cero. Después sume el resultado de cada una de las multiplicaciones y el número resultante será el equivalente al sistema decimal.

Ejemplo 2.4.1. Convertir $4023_{16} \rightarrow X_{10}$

Proceso: Tomando los números de derecha a izquierda hacemos las siguientes operaciones:

$$3 * 16^0 = 3$$
$$2 * 16^1 = 32$$
$$0 * 16^2 = 0$$
$$4 * 16^3 = 16384$$
$$\text{Total suma} = \mathbf{16419_{10}}$$

Ejemplo 2.4.2. Convertir $1234567_{16} \rightarrow X_{10}$ Ejemplo 1.2.4.3. Convertir $4567_{16} \rightarrow X_{10}$

$7 * 16^0$	=	7
$6 * 16^1$	=	96
$5 * 16^2$	=	1280
$4 * 16^3$	=	16384
$3 * 16^4$	=	196608
$2 * 16^5$	=	2097152
$1 * 16^6$	=	16777216
Total suma	=	19088743_{10}

$7 * 16^0$	=	7
$6 * 16^1$	=	96
$5 * 16^2$	=	1280
$4 * 16^3$	=	16384
Total suma	=	17767_{10}

- **Conversión de Hexadecimal a Binario.**

Solamente sustituye el valor del digito Hexadecimal por su representación binaria, es decir por los 4 dígitos binarios correspondientes.

Después se agrupan de izquierda a derecha los dígitos, para formar la cantidad binaria.

Ejemplo 2.4.4. Convertir $14576_{16} \rightarrow X_2$

Proceso: Convertimos cada número por separado a su equivalente en binario, respetando la longitud de 4, por estar en hexadecimal, agregando ceros a la izquierda en caso de que no se completen los 4 dígitos).

1	4	5	7	6
0001	0100	0101	0111	0110

Ahora el resultado final se lee de izquierda a derecha = $\mathbf{10100010101110110_2}$

Ejemplo 2.4.5. Convertir $67541A_{16} \rightarrow X_2$

Proceso: Convertimos cada número por separado a su equivalente en binario.

6	7	5	4	1	A
0110	0 111	0101	0100	0001	1010

Ahora el resultado final se lee de izquierda a derecha = $\mathbf{110011101010100000011010_2}$

Ejemplo 2.4.6. Convertir $567764F_{16} \rightarrow X_2$

Proceso: Convertimos cada número por separado a su equivalente en binario.

5	6	7	7	6	4	F
0101	0110	0111	0111	0110	0100	1111

Ahora el resultado final se lee de izquierda a derecha = **$10101100111011101100100111_2$**

- **Conversión de Hexadecimal a Octal.**

Para realizar la conversión de hexadecimal a octal, realiza lo siguiente:

- Primero convierta la cantidad hexadecimal a binario. (Recuerde que debe reemplazar el dígito hexadecimal por los 4 dígitos binarios correspondientes).

- Después debe convertir de binario a octal. (Recuerde que debe agrupar la cantidad binaria en grupos de 3 en 3, iniciando por el lado derecho, si al terminar de agrupar no completa 3 dígitos, entonces agregue ceros ala izquierda).

- Por último, sustituye el valor octal correspondiente por los 3 dígitos binarios.

Ejemplo 2.4.7. Convertir $123C4567_{16} \rightarrow X_8$

Proceso: Convertimos cada número por separado a su equivalente en binario.

1	2	3	C	4	5	6	7
0001	0010	0011	1100	0100	0101	0110	0111

Lo unimos quitando los 0´s de la izquierda hasta encontrar al primer
$1100100011110001000101011001117_2$

Ahora agrupa de 3 en 3 (comienza de derecha a izquierda) y convierte de binario a octal.

010	010	001	111	000	100	010	101	100	111
2	2	1	7	0	4	2	5	4	7

Ahora el resultado final se lee de izquierda a derecha = **2217042547_8**

Ejemplo 2.4.8. Convertir $6BD_{16} \rightarrow X_8$

Proceso: Convertimos cada número por separado a su equivalente en binario.

6	B	D
0110	1011	1101

Lo unimos quitando los 0´s de la izquierda 011010111101_2

Ahora agrupa de 3 en 3 (comienza de derecha a izquierda), convierte de binario a octal.

011	010	111	101
3	2	7	5

Ahora agrupamos de izquierda a derecha y el resultado es = **3275** $_8$

Ejemplo 2.4.9. Convertir $ABCD7_{16} \rightarrow X_8$

Proceso: Convertimos cada número por separado a su equivalente en binario.

A	B	C	D	7
1010	1011	1100	1101	0111

Lo unimos 10101011110011010111_2

Ahora agrupa de 3 en 3 (comienza de derecha a izquierda), convierte de binario a octal.

010	101	011	110	011	010	111
2	5	3	6	3	2	7

Ahora agrupamos de izquierda a derecha y se obtiene el resultado = **2546327** $_8$

3. Operaciones básicas (Suma, Resta, Multiplicación, División).

3.1. Suma de números Binarios, Octales y Hexadecimales.

- **Suma de números Binarios**.

La suma binaria es análoga a la de los números decimales. La diferencia radica en que en los números binarios se produce un acarreo (lo que llevamos) cuando la suma excede de uno, mientras en decimal se produce un acarreo cuando la suma excede de 9.

El sistema binario tiene como base el número 2, los dígitos que constituyen a este sistema son los dígitos 0 y 1 los cuales representan los 2 dígitos.

Pasos para sumar en Binario:

- Se empieza a sumar de izquierda a derecha.

- Ningún resultado puede ser mayor o igual a 2, si este caso se presenta se restará 2, las veces que sean necesarias hasta que de un número menor o igual a 1 y el número de veces que se reste 2, será el valor de acarreos que se llevaran.

Ejemplo 3.1.1. Sumar los números binarios 1100_2 y 1100_2

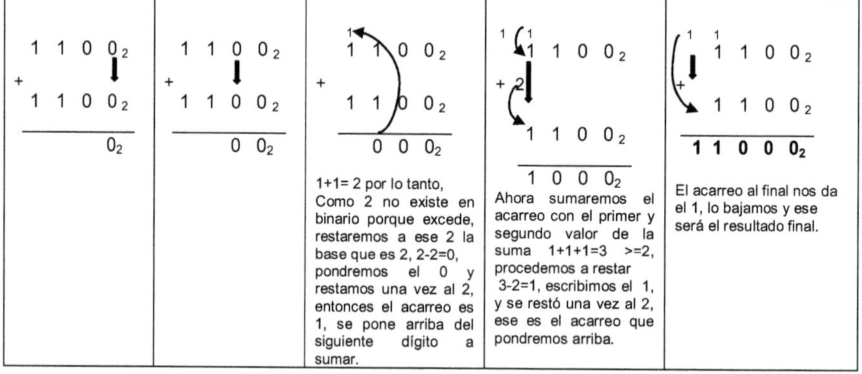

Ejemplo 3.1.2. Sumar los números binarios 1111_2 y 1111_2

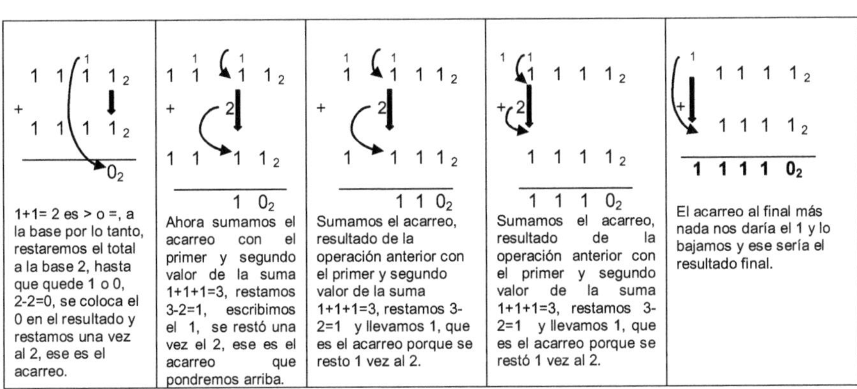

1+1= 2 es > o =, a la base por lo tanto, restaremos el total a la base 2, hasta que quede 1 o 0, 2-2=0, se coloca el 0 en el resultado y restamos una vez al 2, ese es el acarreo.

Ahora sumamos el acarreo con el primer y segundo valor de la suma 1+1+1=3, restamos 3-2=1, escribimos el 1, se restó una vez el 2, ese es el acarreo que pondremos arriba.

Sumamos el acarreo, resultado de la operación anterior con el primer y segundo valor de la suma 1+1+1=3, restamos 3-2=1 y llevamos 1, que es el acarreo porque se resto 1 vez al 2.

Sumamos el acarreo, resultado de la operación anterior con el primer y segundo valor de la suma 1+1+1=3, restamos 3-2=1 y llevamos 1, que es el acarreo porque se restó 1 vez al 2.

El acarreo al final más nada nos daría el 1 y lo bajamos y ese sería el resultado final.

Ejemplo 3.1.3. Sumar los números binarios 1111_2, 1101_2 y 1011_2

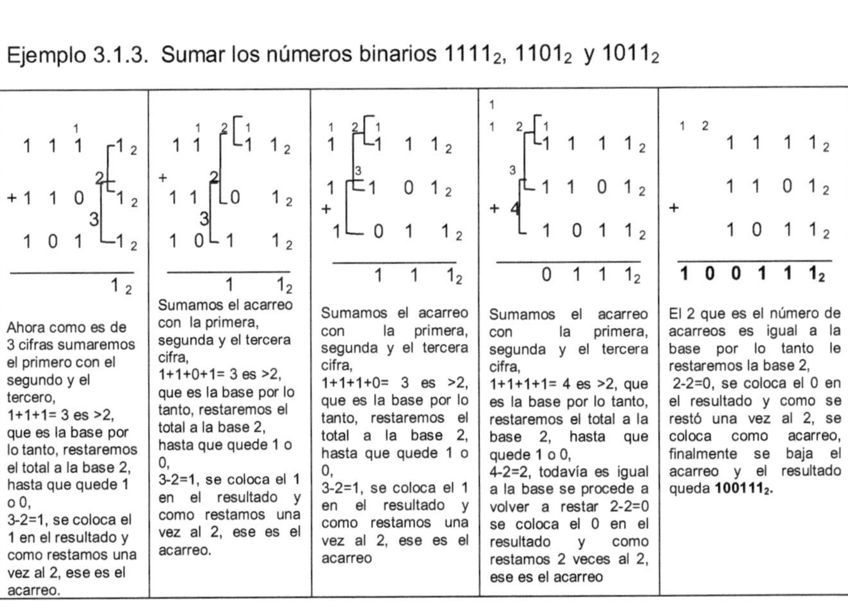

Ahora como es de 3 cifras sumaremos el primero con el segundo y el tercero, 1+1+1= 3 es >2, que es la base por lo tanto, restaremos el total a la base 2, hasta que quede 1 o 0, 3-2=1, se coloca el 1 en el resultado y como restamos una vez al 2, ese es el acarreo.

Sumamos el acarreo con la primera, segunda y el tercera cifra, 1+1+0+1= 3 es >2, que es la base por lo tanto, restaremos el total a la base 2, hasta que quede 1 o 0, 3-2=1, se coloca el 1 en el resultado y como restamos una vez al 2, ese es el acarreo.

Sumamos el acarreo con la primera, segunda y el tercera cifra, 1+1+1+0= 3 es >2, que es la base por lo tanto, restaremos el total a la base 2, hasta que quede 1 o 0, 3-2=1, se coloca el 1 en el resultado y como restamos una vez al 2, ese es el acarreo

Sumamos el acarreo con la primera, segunda y el tercera cifra, 1+1+1+1= 4 es >2, que es la base por lo tanto, restaremos el total a la base 2, hasta que quede 1 o 0, 4-2=2, todavía es igual a la base se procede a volver a restar 2-2=0 se coloca el 0 en el resultado y como restamos 2 veces al 2, ese es el acarreo

El 2 que es el número de acarreos es igual a la base por lo tanto le restaremos la base 2, 2-2=0, se coloca el 0 en el resultado y como se restó una vez al 2, se coloca como acarreo, finalmente se baja el acarreo y el resultado queda 100111_2.

Ejemplo 3.1.4. Sumar los números binarios 1111_2, 1101_2, 1011_2 y 1111_2

$\overset{\;\overset{2}{}}{1\ 1\ \overset{2}{1}\ \ 1}\ 1_2$	$\overset{2\ 2}{1\ 1\ \ 1\ \ 1}\ 1_2$	$\overset{2\ \ 2\ \ 2}{1\ \ 1\ \ 1\ \ 1}\ 1_2$	$\overset{3\ 2\ 2\ 2}{1\ \ 1\ \ 1\ \ 1}\ 1_2$	$\overset{1\ 3\ 2\ 2\ 2}{1\ \ 1\ \ 1\ \ 1}\ 1_2$

Table — worked example:

Col 1	Col 2	Col 3	Col 4	Col 5
1 1 1 1₂ (+1 1 0 1₂) 1 0 1 1₂ 1 1 1 1₂ → 0₂	1 1 1 1₂ (+1 1 0 1₂) 1 0 1 1₂ 1 1 1 1₂ → 1 0₂	1 1 1 1₂ (+1 1 0 1₂) 1 0 1 1₂ 1 1 1 1₂ → 1 1 0₂	1 1 1 1₂ (+1 1 0 1₂) 1 0 1 1₂ 1 1 1 1₂ → 0 1 1 0₂	1 1 1 1₂ (+1 1 0 1₂) 1 0 1 1₂ 1 1 1 1₂ → 1 1 0 1 1 0₂
Ahora como es de 4 cifras sumaremos la primera, segunda tercera y cuarta, $1+1+1+1=4$ es >2, que es la base por lo tanto, restaremos el total a la base 2, hasta que quede 1 o 0, $4-2=2$, $2-2=0$ se coloca el 0 en el resultado y como restamos 2 veces al 2, ese es el acarreo.	Sumamos el acarreo con las 4 cifras, $2+1+0+1+1=5$ es >2, que es la base por lo tanto, restaremos el total a la base 2, hasta que quede 1 o 0, $5-2=3$, $3-2=1$ se coloca el 1 en el resultado y como restamos 2 veces al 2, ese es el acarreo.	Sumamos el acarreo con las 4 cifras, $2+1+1+0+1=5$ es >2, que es la base por lo tanto, restaremos el total a la base 2, hasta que quede 1 o 0, $5-2=3$, $3-2=1$, se coloca el 1 en el resultado y como restamos 2 veces al 2, ese es el acarreo.	Sumamos el acarreo con las 4 cifras, $2+1+1+1+1=6$ es >2, que es la base por lo tanto, restaremos el total a la base 2, hasta que quede 1 o 0, $6-2=4$, $4-2=2$, $2-2=0$ se coloca el 0 en el resultado y como restamos 3 veces al 2, ese es el acarreo.	El 3 es el número de acarreos es mayor a la base por lo tanto le restaremos la base 2, $3-2=1$, se coloca el 1 en el resultado y como se restó una vez al 2, se coloca como acarreo, finalmente se baja el acarreo y el resultado queda 110110_2.

- **Suma de números Octales**.

El sistema octal tiene como base el número 8, los dígitos que constituyen a este sistema son los dígitos del o al 7 (0, 1, 2, 3, 4, 5, 6 y 7) los cuales representan los 8 dígitos.

Pasos para sumar en octal:

- Se empieza a sumar de izquierda a derecha.

- Ningún resultado puede ser mayor o igual a 8, si este caso se presenta se restará 8, las veces que sean necesarias hasta que de un número menor o igual a 7 y el número de veces que se reste 8, será el valor de acarreos que se llevaran.

Ejemplo 3.1.5. Sumar 234_8 y 357_8

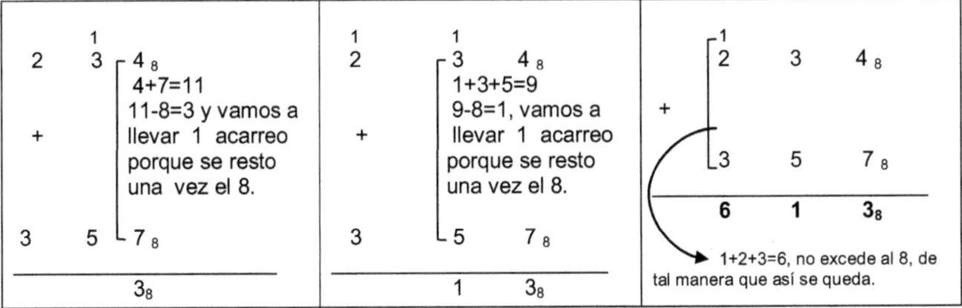

Ejemplo 3.1.6. Sumar 2464_8, 5756_8 y 3547_8

		2				2	2			2	2	2		1 2	2	2	
2	4	6	4₈	2	4	6	4₈	2	4	6	4₈	2	4	6	4₈
+5	7	5	6₈	+5	7	5	6₈	+5	7	5	6₈	+5	7	5	6₈
3	5	4	7₈	3	5	4	7₈	3	5	4	7₈	3	5	4	7₈
			1₈			1	1₈		2	1	1₈	**1 4**	**2**	**1**	**1₈**

El 1 resulta de sumar 4+6+7=17 restamos 17-8=9, todavía excede al 8, volvemos a restar 9-8=1 y ahí es correcto, como restamos 2 veces 8, 2 es el número de acarreos que llevamos.

El 1 resulta de sumar 2+6+5+4=17 restamos 17-8=9, todavía excede al 8, volvemos a restar 9-8=1 y ahí es correcto, como restamos 2 veces 8, 2 es el número de acarreos que llevamos.

El 2 resulta de sumar 2+4+7+5=18 restamos 18-8=10, todavía excede al 8, volvemos a restar 10-8=2 y ahí es correcto, como restamos 2 veces 8, 2 es el número de acarreos que llevamos.

El 4 resulta de sumar 2+2+5+3=12 restamos 12-8=4 y ya no excede por lo tanto el acarreo es 1 porque solo resto una vez 8, como ya no tiene con quien sumarse solo se baja el 1 y se presenta el resultado final.

Ejemplo 3.1.7. Sumar 7675_8, 5677_8 y 4356_8

El 2 resulta de sumar 5+7+6=18 restamos 18-8=10, todavía excede al 8, volvemos a restar 10-8=2 y ahí es correcto, como restamos 2 veces 8, 2 es el número de acarreos que llevamos.

El 5 resulta de sumar 2+7+7+5=21 restamos 21-8=13, todavía excede al 8, volvemos a restar 13-8=5 y ahí es correcto, como restamos 2 veces 8, 2 es el número de acarreos que llevamos.

El 1 resulta de sumar 2+6+6+3=17 restamos 17-8=9, todavía excede al 8, volvemos a restar 9-8=1 y ahí es correcto, como restamos 2 veces 8,2 es el número de acarreos que llevamos.

El 2 resulta de sumar 2+7+5+4=18 restamos 18-8=10, todavía excede al 8, volvemos a restar 10-8=2 y ahí es correcto, como restamos 2 veces 8,2 es el número de acarreos que llevamos ya no tiene con quien sumarse solo se baja el 2 y se presenta el resultado final.

- **Suma de números Hexadecimales**.

La suma hexadecimal es igual que la suma octal, solo que en hexadecimal se debe recordar que su base es 16, pero en proceso es el mismo solo que ahora en lugar de restar 8, si excede se restaran 16 hasta que el valor se encuentre entre 0 y F. Los valores del 0 al 9 son igual que en decimal, pero a partir del 10 cambian por letras como se muestra   a continuación:

Decimal	Hexadecimal	Decimal	Hexadecimal
0	0	8	8
1	1	9	9
2	2	10	A
3	3	11	B
4	4	12	C
5	5	13	D
6	6	14	E
7	7	15	F

Pasos para sumar un número hexadecimal:

- Se empieza a sumar de izquierda a derecha.
- Ningún resultado puede ser mayor o igual a 16, si este caso se presenta se restará 16, las veces que sean necesarias hasta que de un número menor o igual a F y el número de veces que se reste 16, será el valor de acarreos que se llevaran.

Ejemplo 3.1.8. Sumar F3BC, 9CD1 y B171.

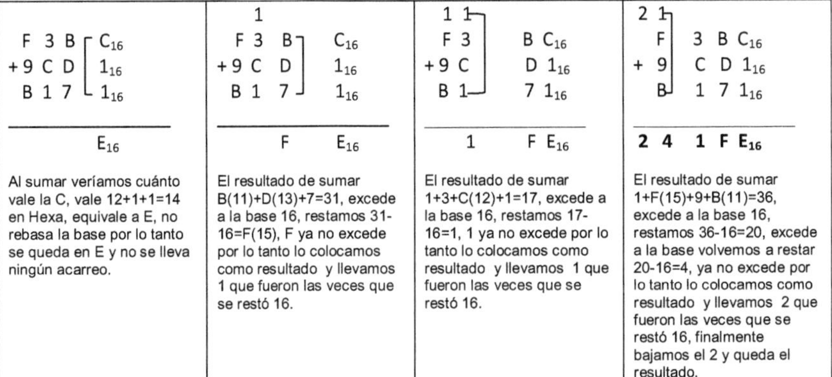

$\begin{array}{l}\text{F 3 B} \quad \text{C}_{16}\\ \text{+9 C D} \quad 1_{16}\\ \text{B 1 7} \quad 1_{16}\\ \hline \qquad \quad \text{E}_{16}\end{array}$	$\begin{array}{l}\quad\; 1\\ \text{F 3 B} \quad \text{C}_{16}\\ \text{+9 C D} \quad 1_{16}\\ \text{B 1 7} \quad 1_{16}\\ \hline \quad\; \text{F} \quad \text{E}_{16}\end{array}$	$\begin{array}{l}1\;\;1\\ \text{F 3} \quad \text{B C}_{16}\\ \text{+9 C} \quad \text{D } 1_{16}\\ \text{B 1} \quad 7\, 1_{16}\\ \hline 1 \quad \text{F E}_{16}\end{array}$	$\begin{array}{l}2\;\;1\\ \text{F} \quad \text{3 B C}_{16}\\ \text{+ 9} \quad \text{C D } 1_{16}\\ \text{B} \quad 1\, 7\, 1_{16}\\ \hline \mathbf{2\ 4\ 1\ F\ E_{16}}\end{array}$
Al sumar veríamos cuánto vale la C, vale 12+1+1=14 en Hexa, equivale a E, no rebasa la base por lo tanto se queda en E y no se lleva ningún acarreo.	El resultado de sumar B(11)+D(13)+7=31, excede a la base 16, restamos 31-16=F(15), F ya no excede por lo tanto lo colocamos como resultado y llevamos 1 que fueron las veces que se restó 16.	El resultado de sumar 1+3+C(12)+1=17, excede a la base 16, restamos 17-16=1, 1 ya no excede por lo tanto lo colocamos como resultado y llevamos 1 que fueron las veces que se restó 16.	El resultado de sumar 1+F(15)+9+B(11)=36, restamos 36-16=20, excede a la base volvemos a restar 20-16=4, ya no excede por lo tanto lo colocamos como resultado y llevamos 2 que fueron las veces que se restó 16, finalmente bajamos el 2 y queda el resultado.

Ejemplo 3.1.9. Sumar FFFF, ABCD, CEAB y CDEF.

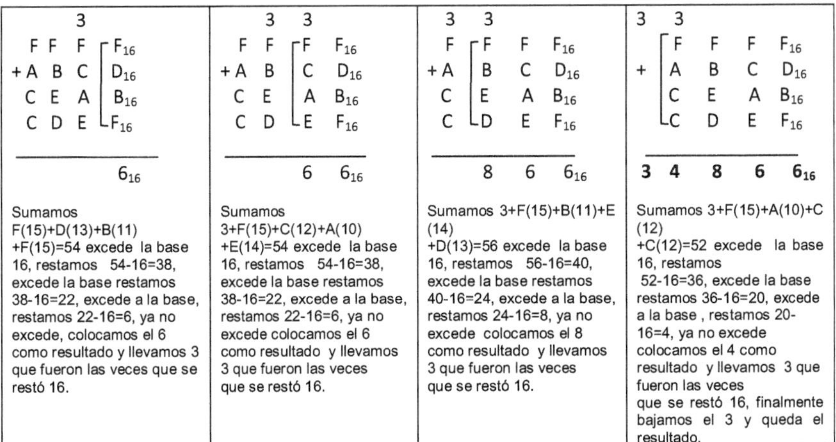

$\begin{array}{l}\quad\quad\;\; 3\\ \text{F F F} \quad \text{F}_{16}\\ \text{+A B C} \quad \text{D}_{16}\\ \text{C E A} \quad \text{B}_{16}\\ \text{C D E} \quad \text{F}_{16}\\ \hline \qquad \quad 6_{16}\end{array}$	$\begin{array}{l}\quad 3\;\;3\\ \text{F F F} \quad \text{F}_{16}\\ \text{+A B C} \quad \text{D}_{16}\\ \text{C E A} \quad \text{B}_{16}\\ \text{C D E} \quad \text{F}_{16}\\ \hline \quad\; 6 \quad 6_{16}\end{array}$	$\begin{array}{l}3\;\;3\\ \text{F F F} \quad \text{F}_{16}\\ \text{+A B C} \quad \text{D}_{16}\\ \text{C E A} \quad \text{B}_{16}\\ \text{C D E} \quad \text{F}_{16}\\ \hline 8 \quad 6 \quad 6_{16}\end{array}$	$\begin{array}{l}3\;\;3\\ \text{F F F} \quad \text{F}_{16}\\ \text{+ A B C} \quad \text{D}_{16}\\ \text{C E A} \quad \text{B}_{16}\\ \text{C D E} \quad \text{F}_{16}\\ \hline \mathbf{3\ 4\ 8\ 6\ 6_{16}}\end{array}$
Sumamos F(15)+D(13)+B(11)+F(15)=54 excede la base 16, restamos 54-16=38, excede la base restamos 38-16=22, excede a la base, restamos 22-16=6, ya no excede, colocamos el 6 como resultado y llevamos 3 que fueron las veces que se restó 16.	Sumamos 3+F(15)+C(12)+A(10)+E(14)=54 excede la base 16, restamos 54-16=38, excede la base restamos 38-16=22, excede a la base, restamos 22-16=6, ya no excede colocamos el 6 como resultado y llevamos 3 que fueron las veces que se restó 16.	Sumamos 3+F(15)+B(11)+E(14)+D(13)=56 excede la base 16, restamos 56-16=40, excede la base restamos 40-16=24, excede a la base, restamos 24-16=8, ya no excede colocamos el 8 como resultado y llevamos 3 que fueron las veces que se restó 16.	Sumamos 3+F(15)+A(10)+C(12)+C(12)=52 excede la base 16, restamos 52-16=36, excede la base restamos 36-16=20, excede a la base, restamos 20-16=4, ya no excede colocamos el 4 como resultado y llevamos 3 que fueron las veces que se restó 16, finalmente bajamos el 3 y queda el resultado.

Ejemplo 3.1.9. Sumar   F3BC, 9DD7, 3A06 y ABCD.

2| F 3 B ⌐ C₁₆ +9 D D │ 7₁₆ 3 A 0 │ 6₁₆ A B C ⌐ D₁₆ ――――――― 6₁₆ Sumamos C(12)+7+6 +D(13)=38 excede la base 16, restamos 38-16=22, excede la base 16, restamos 22-16=6, ya no excede, colocamos el 6 como resultado y llevamos 2 que fueron las veces que se restó 16.	**2 2** F 3 ⌐B C₁₆ +9 D │D 7₁₆ 3 A │0 6₁₆ A B ⌐C D₁₆ ――――――― 6 6₁₆ Sumamos 2+B(11)+D(13)+0 +C(12)=38 excede la base 16, restamos 38-16=22, excede la base 16, restamos 22-16=6, ya no excede, colocamos el 6 como resultado y llevamos 2 que fueron las veces que se restó 16.
2 2 2 F ⌐3 B C₁₆ +9 │D D 7₁₆ 3 │A 0 6₁₆ A ⌐B C D₁₆ ――――――― 7 6 6₁₆ Sumamos 2+3+D(13)+A(10)+B(11) =39 excede la base 16, restamos 39-16=23, excede la base restamos 23-16=7, ya no excede, colocamos el 7 como resultado y llevamos 2 que fueron las veces que se restó 16.	**2 2 2** ⌐F 3 B C₁₆ + │9 D D 7₁₆ │3 A 0 6₁₆ ⌐A B C D₁₆ ――――――― **2 7 7 6 6₁₆** Sumamos 2+F(15)+9+3+A(10) =39 excede la base 16, restamos 39-16=23, excede la base restamos 23-16=7, ya no excede colocamos el 7 como resultado y llevamos 2 que fueron las veces que se restó 16, finalmente bajamos el 2 y queda el resultado.

3.2. Resta de números Binarios, Octales y Hexadecimales.

- **Resta de números Binarios.**

Lo que tenemos que aprender para restar binarios es que cuando se nos presente 0-1 será igual a 1 y llevaremos 1 acarreo, porque la base es 2; entonces al 0 le sumaremos la base 0+2=2 y le restaremos un 1, quedando 2-1=1, los acarreos serán las veces que sumas a la base 2, en los demás casos se resta igual que en decimal 1-1=0, 1-0=1 y 0-0=0.

Ejemplo 3.2.1. Restar 101_2 menos 11_2.

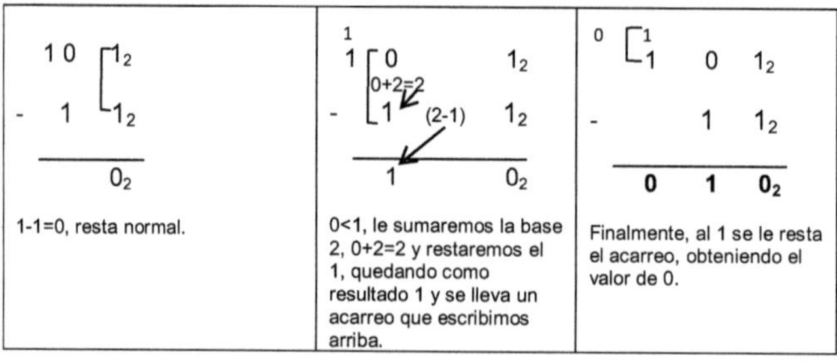

1 0 ⌐1₂ - 1 ⌐1₂ ―――― 0₂ 1-1=0, resta normal.	1 1 ⌐0 1₂ │0+2=2 - ⌐1 (2-1) 1₂ ―――― 1 0₂ 0<1, le sumaremos la base 2, 0+2=2 y restaremos el 1, quedando como resultado 1 y se lleva un acarreo que escribimos arriba.	0 ⌐1 ⌐1 0 1₂ - 1 1₂ ―――― **0 1 0₂** Finalmente, al 1 se le resta el acarreo, obteniendo el valor de 0.

Ejemplo 3.2.2. Restar 1010_2 menos 101_2.

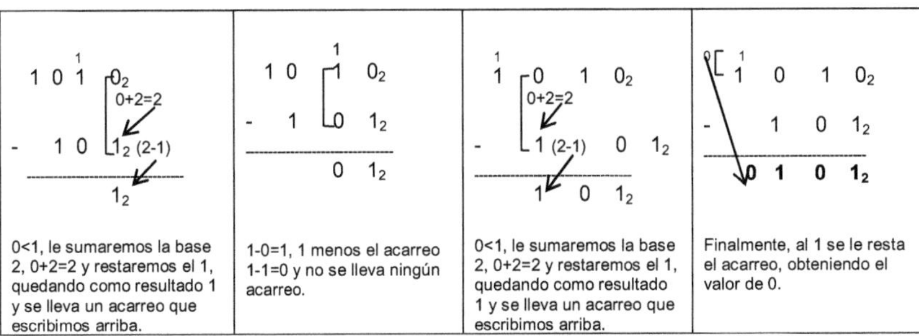

0<1, le sumaremos la base 2, 0+2=2 y restaremos el 1, quedando como resultado 1 y se lleva un acarreo que escribimos arriba.	1-0=1, 1 menos el acarreo 1-1=0 y no se lleva ningún acarreo.	0<1, le sumaremos la base 2, 0+2=2 y restaremos el 1, quedando como resultado 1 y se lleva un acarreo que escribimos arriba.	Finalmente, al 1 se le resta el acarreo, obteniendo el valor de 0.

Ejemplo 3.2.3. Restar $1\ 1\ 0\ 1\ 0\ 1\ 0_2$, menos $1\ 0\ 1\ 1\ 1\ 1_2$, menos 1011_2

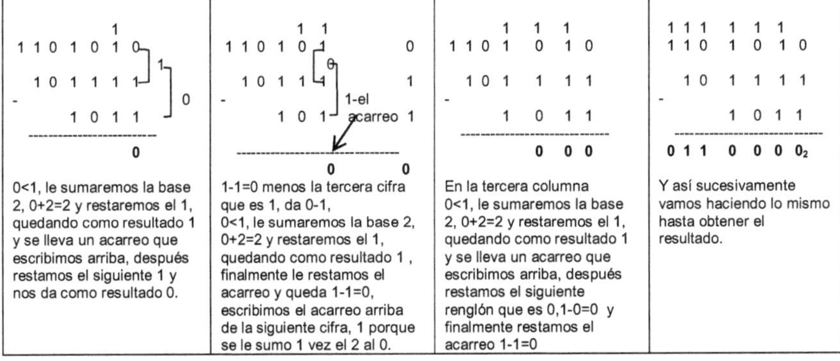

0<1, le sumaremos la base 2, 0+2=2 y restaremos el 1, quedando como resultado 1 y se lleva un acarreo que escribimos arriba, después restamos el siguiente 1 y nos da como resultado 0.	1-1=0 menos la tercera cifra que es 1, da 0-1, 0<1, le sumaremos la base 2, 0+2=2 y restaremos el 1, quedando como resultado 1 , finalmente le restamos el acarreo y queda 1-1=0, escribimos el acarreo arriba de la siguiente cifra, 1 porque se le sumo 1 vez el 2 al 0.	En la tercera columna 0<1, le sumaremos la base 2, 0+2=2 y restaremos el 1, quedando como resultado 1 y se lleva un acarreo que escribimos arriba, después restamos el siguiente renglón que es 0,1-0=0 y finalmente restamos el acarreo 1-1=0	Y así sucesivamente vamos haciendo lo mismo hasta obtener el resultado.

- **Resta de números Octales**.

El sistema octal tiene como base el número 8, las cifras que lo complementan son 0, 1, 2, 3, 4, 5, 6, 7. Pasos para restar en octal:

- Se empieza a restar de izquierda a derecha.

- En caso que la primera cifra fuera menor que la segunda a ser restada se le sumarán 8 y se llevará un acarreo.

Ejemplo 3.2.4. Restar 5321_8 menos 743_8.

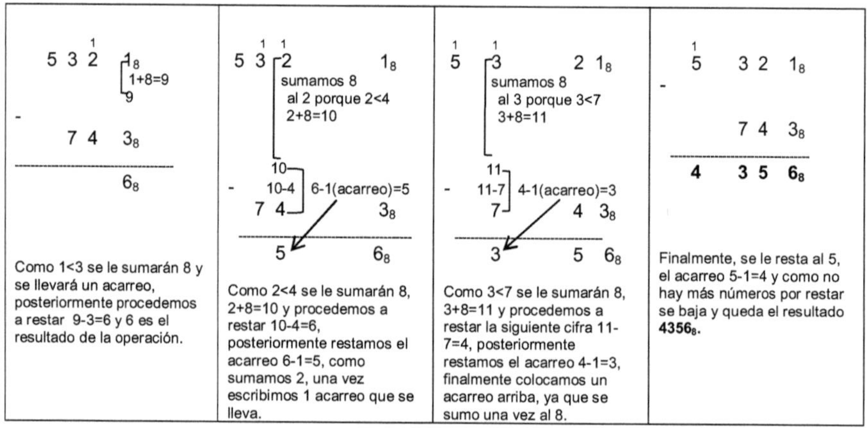

Ejemplo 3.2.5. Restar 5321_8 menos 743_8.

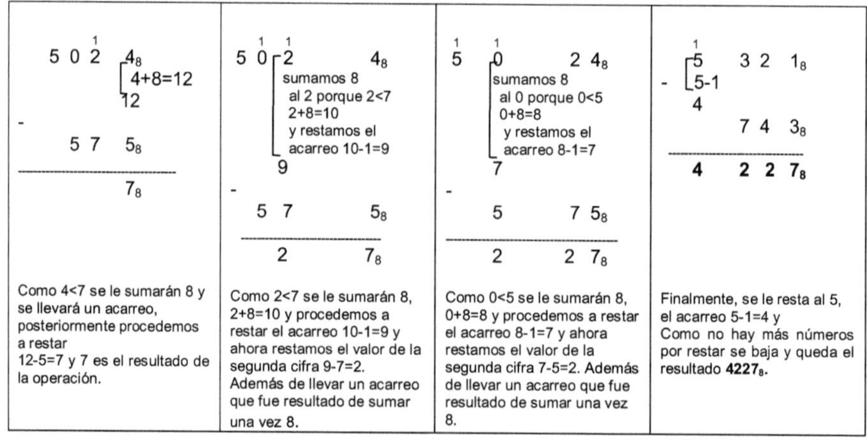

Ejemplo 3.2.6. Restar 7543_8, menos 6754_8, menos 377_8

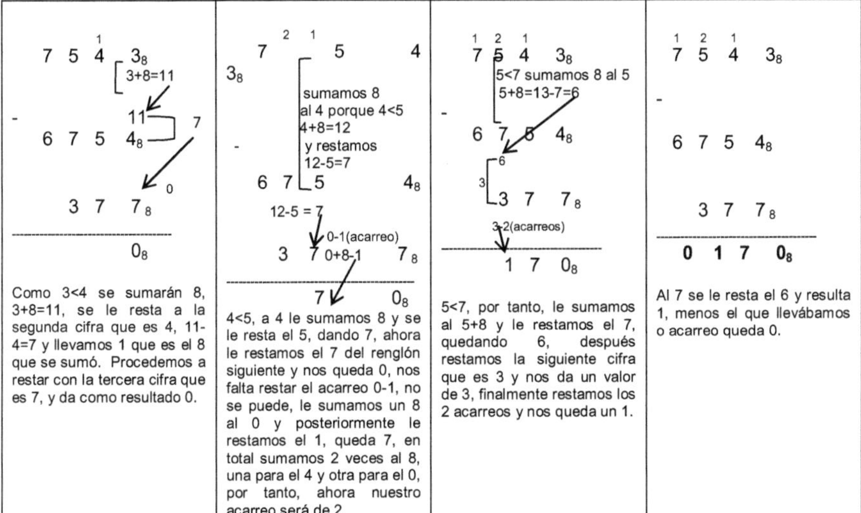

- **Resta de números Hexadecimales**.

El sistema tiene como base el número 16, las cifras que lo complementan son 0, 1, 2, 3, 4, 5, 6, 7,8,9, A, B, C, D, E, F.

Pasos para restar en Hexadecimal:

- Se empieza a restar de izquierda a derecha.

- En caso que la primera cifra fuera menor que la segunda a ser restada se le sumarán 16 y se llevará un acarreo.

Ejemplo 3.2.7. Restar D632$_{16}$ menos ADF$_{16}$.

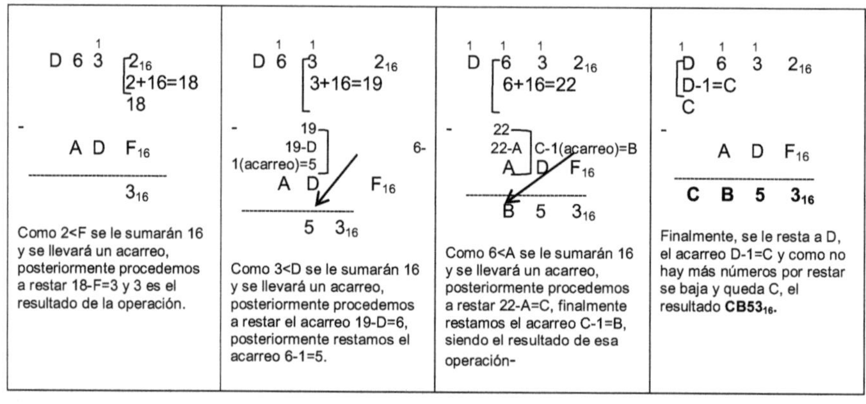

Como 2<F se le sumarán 16 y se llevará un acarreo, posteriormente procedemos a restar 18-F=3 y 3 es el resultado de la operación.

Como 3<D se le sumarán 16 y se llevará un acarreo, posteriormente procedemos a restar el acarreo 19-D=6, posteriormente restamos el acarreo 6-1=5.

Como 6<A se le sumarán 16 y se llevará un acarreo, posteriormente procedemos a restar 22-A=C, finalmente restamos el acarreo C-1=B, siendo el resultado de esa operación-

Finalmente, se le resta a D, el acarreo D-1=C y como no hay más números por restar se baja y queda C, el resultado **CB53$_{16}$**.

Ejemplo 3.2.8. Restar 19C9$_{16}$ menos EAB$_{16}$.

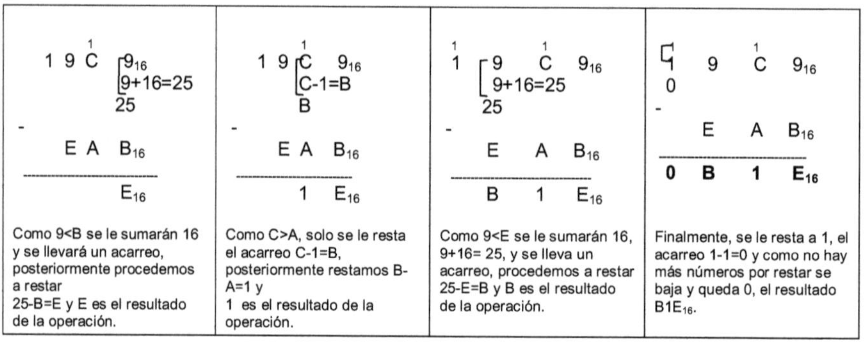

Como 9<B se le sumarán 16 y se llevará un acarreo, posteriormente procedemos a restar 25-B=E y E es el resultado de la operación.

Como C>A, solo se le resta el acarreo C-1=B, posteriormente restamos B-A=1 y 1 es el resultado de la operación.

Como 9<E se le sumarán 16, 9+16= 25, y se lleva un acarreo, procedemos a restar 25-E=B y B es el resultado de la operación.

Finalmente, se le resta a 1, el acarreo 1-1=0 y como no hay más números por restar se baja y queda 0, el resultado B1E$_{16}$.

3.3. Multiplicación de números Binarios, Octales y Hexadecimales.

- **Multiplicación de números Binarios.**

La multiplicación en binario es la más fácil de los sistemas de numeración, porque se compone únicamente de 0´s y 1´s en donde el resultado al intervenir 0 en la multiplicación dará como resultado 0, y al multiplicarse por 1 el resultado será 1, siempre y cuando el 0 no intervenga.

La multiplicación se realiza en forma similar a la multiplicación decimal solo que con ceros y unos, hace uso de la suma como ya se vio anteriormente.

Ejemplo 3.3.1.	Ejemplo 3.3.2.	Ejemplo 3.3.3.
$\begin{array}{r} 110_2 \\ \text{X} \quad 10_2 \\ \hline 000_2 \\ 110_2 \\ \hline \mathbf{1100_2} \end{array}$	$\begin{array}{r} 110010_2 \\ \text{X} \quad 101_2 \\ \hline 110010_2 \\ +\ 000000_2 \\ 110010_2 \\ \hline \mathbf{11111010_2} \end{array}$	$\begin{array}{r} 1110010_2 \\ \text{X} \quad 1011_2 \\ \hline 1110010_2 \\ +\ 1110010_2 \\ 0000000_2 \\ 1110010_2 \\ \hline \mathbf{10011100110_2} \end{array}$

- **Multiplicación de números Octales**.

Para la multiplicación Octal vamos a proceder a multiplicar como si fuese en decimal, solo acordándonos que, si se pasa de 7 el resultado, tenemos que restar tantas veces sea necesario la base que en este caso es 8, hasta que nos quede un número menor o igual a 7(0-7) y el número de veces que se resta el 8, es el número de veces que llevamos o sea el acarreo.

Ejemplo 3.2.10. Multiplicar 5643_8 por 7_8.

$\begin{array}{r} {}^{2} \\ 5\ 6\ 4\ 3_8 \\ \text{X} \qquad 7_8 \\ \hline 5_8 \end{array}$	$\begin{array}{r} {}^{3}\ {}^{2} \\ 5\ 6\ 4\ 3_8 \\ \text{X} \qquad 7_8 \\ \hline 6\ 5_8 \end{array}$	$\begin{array}{r} {}^{5}\ {}^{3} \\ 5\ 6\ 4\ 3_8 \\ \text{X} \qquad 7_8 \\ \hline 5\ 6\ 5_8 \end{array}$	$\begin{array}{r} {}^{5}\ {}^{5} \\ 5\ 6\ 4\ 3_8 \\ \text{X} \qquad 7_8 \\ \hline \mathbf{5\ 0\ 5\ 6\ 5_8} \end{array}$
Al multiplicar 3 por 7 da 21, excede a 7, procedemos a restarle 8 y 21-8=13, vuelve a exceder restamos nuevamente 13-8=5 aquí ya no excede entonces colocamos a 5 y observamos que se restó 2 veces al 8, ese es el acarreo que vamos a llevar.	Al multiplicar 7 por 4 da 28, más 2 acarreos 30 excede a 7, procedemos a restarle 8 y 30-8=22-8=14-8=6, aquí ya no excede entonces colocamos a 6 y observamos que se restó 3 veces al 8, ese es el acarreo que vamos a llevar.	Al multiplicar 7 por 6 da 42, más 3 acarreos 45 excede a 7, procedemos a restarle 8 y 45-8=37-8=29-8=21-8=13-8=5, aquí ya no excede entonces colocamos a 5 y observamos que se restó 5 veces al 8, ese es el acarreo que vamos a llevar.	Al multiplicar 7 por 5 da 35, más 5 acarreos 40 excede a 7, procedemos a restarle 8 y 40-8=32-8=24-8=16-8=8-8=0, aquí ya no excede entonces colocamos a 0 y observamos que se restó 5 veces al 8, ese es el acarreo que vamos a llevar, solo bajamos al 5.

Ejemplo 3.2.11. Multiplicar 5643_8 por 5_8.

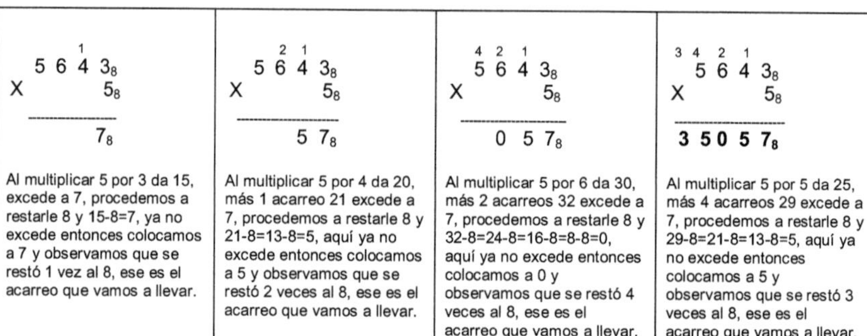

$\overset{1}{5}\ 6\ 4\ 3_8$ $\times \qquad 5_8$ ———— 7_8	$\overset{2}{5}\ \overset{1}{6}\ 4\ 3_8$ $\times \qquad 5_8$ ———— $5\ 7_8$	$\overset{4}{5}\ \overset{2}{6}\ \overset{1}{4}\ 3_8$ $\times \qquad 5_8$ ———— $0\ 5\ 7_8$	$\overset{3}{5}\ \overset{4}{6}\ \overset{2}{4}\ \overset{1}{3}_8$ $\times \qquad 5_8$ ———— $\mathbf{3\ 5\ 0\ 5\ 7_8}$
Al multiplicar 5 por 3 da 15, excede a 7, procedemos a restarle 8 y 15-8=7, ya no excede entonces colocamos a 7 y observamos que se restó 1 vez al 8, ese es el acarreo que vamos a llevar.	Al multiplicar 5 por 4 da 20, más 1 acarreo 21 excede a 7, procedemos a restarle 8 y 21-8=13-8=5, aquí ya no excede entonces colocamos a 5 y observamos que se restó 2 veces al 8, ese es el acarreo que vamos a llevar.	Al multiplicar 5 por 6 da 30, más 2 acarreos 32 excede a 7, procedemos a restarle 8 y 32-8=24-8=16-8=8-8=0, aquí ya no excede entonces colocamos a 0 y observamos que se restó 4 veces al 8, ese es el acarreo que vamos a llevar.	Al multiplicar 5 por 5 da 25, más 4 acarreos 29 excede a 7, procedemos a restarle 8 y 29-8=21-8=13-8=5, aquí ya no excede entonces colocamos a 5 y observamos que se restó 3 veces al 8, ese es el acarreo que vamos a llevar, solo bajamos al 3.

Ejemplo 3.2.12. Multiplicar 5643_8 por 3_8.

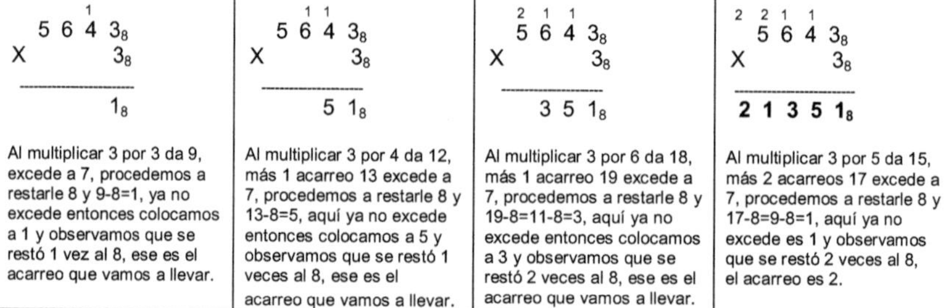

$\overset{1}{5}\ 6\ 4\ 3_8$ $\times \qquad 3_8$ ———— 1_8	$\overset{1}{5}\ \overset{1}{6}\ 4\ 3_8$ $\times \qquad 3_8$ ———— $5\ 1_8$	$\overset{2}{5}\ \overset{1}{6}\ \overset{1}{4}\ 3_8$ $\times \qquad 3_8$ ———— $3\ 5\ 1_8$	$\overset{2}{5}\ \overset{2}{6}\ \overset{1}{4}\ \overset{1}{3}_8$ $\times \qquad 3_8$ ———— $\mathbf{2\ 1\ 3\ 5\ 1_8}$
Al multiplicar 3 por 3 da 9, excede a 7, procedemos a restarle 8 y 9-8=1, ya no excede entonces colocamos a 1 y observamos que se restó 1 vez al 8, ese es el acarreo que vamos a llevar.	Al multiplicar 3 por 4 da 12, más 1 acarreo 13 excede a 7, procedemos a restarle 8 y 13-8=5, aquí ya no excede entonces colocamos a 5 y observamos que se restó 1 veces al 8, ese es el acarreo que vamos a llevar.	Al multiplicar 3 por 6 da 18, más 1 acarreo 19 excede a 7, procedemos a restarle 8 y 19-8=11-8=3, aquí ya no excede entonces colocamos a 3 y observamos que se restó 2 veces al 8, ese es el acarreo que vamos a llevar.	Al multiplicar 3 por 5 da 15, más 2 acarreos 17 excede a 7, procedemos a restarle 8 y 17-8=9-8=1, aquí ya no excede es 1 y observamos que se restó 2 veces al 8, el acarreo es 2.

Ejemplo 3.2.13. Multiplicar 5643_8 por 357_8.

Tomaremos los resultados de los ejercicios 3.2.10, 3.2.11 y 3.2.12, el resultado solo será la suma de las 3 multiplicaciones.

$$\begin{array}{r}
5\ 6\ 4\ 3_8 \\
\times \quad 3\ 5\ 7_8 \\
\hline
5\ 0\ 5\ 6\ 5_8 \\
+\ 3\ 5\ 0\ 5\ 7_8 \\
2\ 1\ 3\ 5\ 1_8 \\
\hline
\mathbf{2\ 5\ 5\ 6\ 4\ 5\ 5_8}
\end{array}$$

- ## Multiplicación de números Hexadecimales.

Para la multiplicación Hexadecimal vamos a proceder a multiplicar como si fuese en decimal, solo acordándonos que si se pasa de F (15) el resultado, tenemos que restar tantas veces sea necesario la base que en este caso es 16, hasta que nos quede un número menor o igual a F y el número de veces que se resta el 16, es el número de veces que llevamos o sea el acarreo.

Ejemplo 3.2.14. Multiplicar $ABCD_{16}$ por 3_{16}.

$\overset{2}{A\ B\ \overset{}{C}\ D}_{16}$ $\times \qquad 3_{16}$ $\overline{\qquad 7_{16}}$	$\overset{2\ \ 2}{A\ B\ C\ D}_{16}$ $\times \qquad 3_{16}$ $\overline{\qquad 6\ 7_{16}}$	$\overset{2\ \ 2\ \ 2}{A\ B\ C\ D}_{16}$ $\times \qquad 3_{16}$ $\overline{\qquad 3\ 6\ 7_{16}}$	$\overset{2\ \ 2\ \ 2\ \ 2}{A\ B\ C\ D}_{16}$ $\times \qquad 3_{16}$ $\overline{\qquad 2\ 0\ 3\ 6\ 7_{16}}$
Al multiplicar 3 por D da 39, excede a F (15), procedemos a restarle 16 y 39-16=23, excede restamos a 23-16=7, ya no excede entonces colocamos a 7 y observamos que se restó 2 veces al 16, ese es el acarreo que vamos a llevar.	Al multiplicar 3 por C da 36 más 2 de acarreo 38, excede a F (15), procedemos a restarle 16 y 38-16=22-16=6, ya no excede entonces colocamos a 6 y observamos que se restó 2 veces al 16, ese es el acarreo que vamos a llevar.	Al multiplicar 3 por B da 33 más 2 de acarreo 35, excede a F (15), procedemos a restarle 16 y 35-16=19-16=3, ya no excede entonces colocamos a 3 y observamos que se restó 2 veces al 16, ese es el acarreo que vamos a llevar.	Al multiplicar 3 por A da 30 más 2 de acarreo 32, excede a F (15), procedemos a restarle 16 y 32-16=16-16=0, ya no excede entonces colocamos a 0 y observamos que se restó 2 veces al 16, ese es el acarreo que vamos a llevar y como es el final, lo bajamos y listo.

Ejemplo 3.2.15. Multiplicar ABCD$_{16}$ por A$_{16}$.

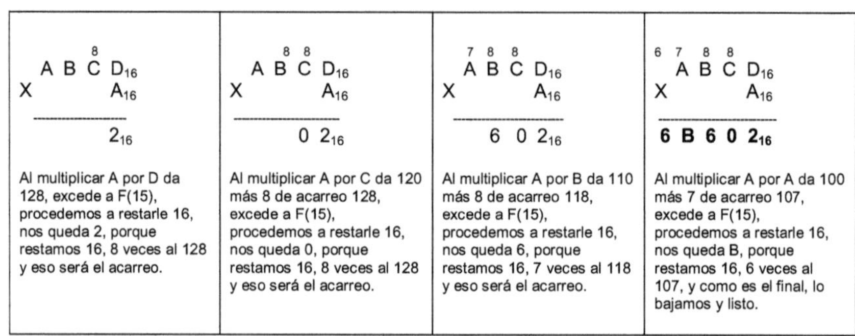

<table>
<tr><td>

$\overset{8}{\text{A B C D}_{16}}$

X   A$_{16}$

     2$_{16}$

Al multiplicar A por D da 128, excede a F(15), procedemos a restarle 16, nos queda 2, porque restamos 16, 8 veces al 128 y eso será el acarreo.

</td><td>

$\overset{8\,8}{\text{A B C D}_{16}}$

X   A$_{16}$

----

    0 2$_{16}$

Al multiplicar A por C da 120 más 8 de acarreo 128, excede a F(15), procedemos a restarle 16, nos queda 0, porque restamos 16, 8 veces al 128 y eso será el acarreo.

</td><td>

$\overset{7\,8\,8}{\text{A B C D}_{16}}$

X   A$_{16}$

----

   6 0 2$_{16}$

Al multiplicar A por B da 110 más 8 de acarreo 118, excede a F(15), procedemos a restarle 16, nos queda 6, porque restamos 16, 7 veces al 118 y eso será el acarreo.

</td><td>

$\overset{6\,7\,8\,8}{\text{A B C D}_{16}}$

X   A$_{16}$

----

6 B 6 0 2$_{16}$

Al multiplicar A por A da 100 más 7 de acarreo 107, excede a F(15), procedemos a restarle 16, nos queda B, porque restamos 16, 6 veces al 107, y como es el final, lo bajamos y listo.

</td></tr>
</table>

Ejemplo 3.2.16. Multiplicar ABCD$_{16}$ por 7$_{16}$.

<table>
<tr><td>

$\overset{5}{\text{A B C D}_{16}}$

X   7$_{16}$

     B$_{16}$

Al multiplicar 7 por D da 91, excede a F(15), procedemos a restarle 16, nos queda B, porque restamos 16, 5 veces al 91 y eso será el acarreo.

</td><td>

$\overset{5\,5}{\text{A B C D}_{16}}$

X   7$_{16}$

----

    9 B$_{16}$

Al multiplicar 7 por C da 84 más 5 de acarreo 89, excede a F(15), procedemos a restarle 16, nos queda 9, porque restamos 16, 5 veces al 89 y eso será el acarreo.

</td><td>

$\overset{5\,5\,5}{\text{A B C D}_{16}}$

X   7$_{16}$

----

   2 9 B$_{16}$

Al multiplicar 7 por B da 77 más 5 de acarreo 82, excede a F(15), procedemos a restarle 16, nos queda 2, porque restamos 16, 5 veces al 82 y eso será el acarreo.

</td><td>

$\overset{4\,5\,5\,5}{\text{A B C D}_{16}}$

X   7$_{16}$

----

4 B 2 9 B$_{16}$

Al multiplicar 7 por A da 70 más 5 de acarreo 75, excede a F(15), procedemos a restarle 16, nos queda B, porque restamos 16, 4 veces al 75, y como es el final, lo bajamos y listo.

</td></tr>
</table>

Ejemplo 3.2.17. Multiplicar ABCD$_{16}$ por 7A3$_{16}$. Tomaremos los resultados de los ejercicios 3.2.14, 3.2.15 y 3.2.16, el resultado solo será la suma de las 3 multiplicaciones.

```
      A B C D₁₆
  X   7 A 3₁₆
  ____________
      2 0 3 6 7₁₆
  + 6 B 6 0 2₁₆
    4 B 2 9 B₁₆
  ____________
    5 1 F F E 8 7₁₆
```

3.4. División de números Binarios, Octales y Hexadecimales.

Elementos de la división:

- Dividendo $\rightarrow$ Es el número que se va a dividir.

- Divisor $\rightarrow$ Es el número que divide.

- Cociente $\rightarrow$ Es el resultado de la división.

- Resto o residuo $\rightarrow$ es lo que ha quedado del dividendo, que no se ha podido dividir porque es más pequeño que el divisor.

- **División de números Binarios**.

Igual que en el producto, la división es muy fácil de realizar, porque no son posibles en el cociente otras cifras más que UNOS y CEROS.

La división en binario es igual que la decimal; la única diferencia es que a la hora de hacer las restas, dentro de la DIVISIÓN, éstas deben ser realizadas en binario.

En los números binarios nos podemos dar cuenta si el número es divisible o no, primero por la longitud del número, si es mayor la longitud sabemos que es mayor el número y si es de igual longitud nos fijamos en los unos que tiene y si tiene más unos un número que otro entonces será mayor, además en estas divisiones si es divisible se pone un 1 y si no es un 0.

Ejemplo 3.4.1. Realizar la división binaria $111110_2/101_2$.

Tomamos 3 cifras del dividendo 111 y vemos que es más grande que el divisor por lo tanto cabe 1 vez 101, recordemos que para dividir usamos la multiplicación y la resta, la multiplicación porque multiplicamos el divisor por el cociente, restamos la parte correspondiente al dividendo y a partir de ahí bajamos número y así sucesivamente.

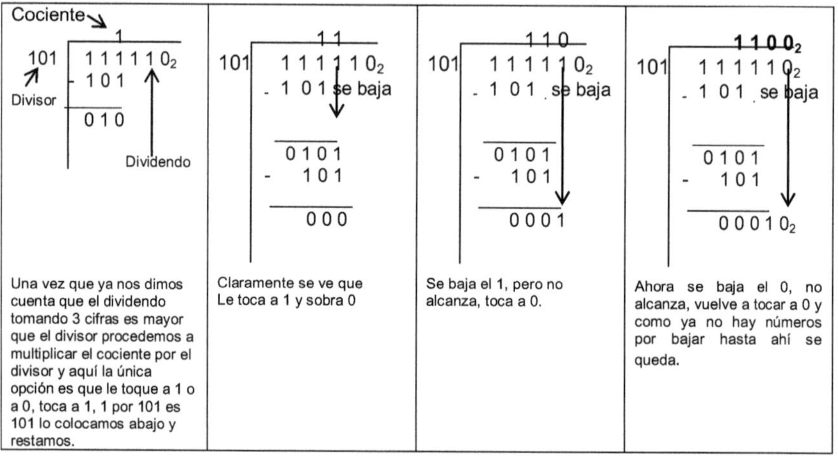

Ejemplo 3.4.2. Realizar la división binaria $101111_2/111_2$.

Tomamos 3 cifras del dividendo 111 y vemos que es más grande que el divisor por lo tanto cabe 1 vez 111.

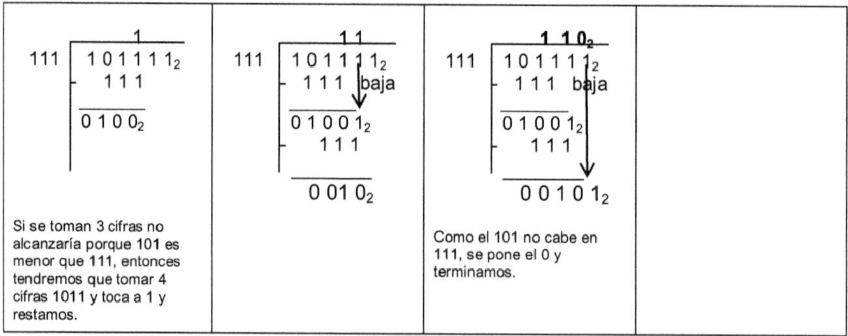

Ejemplo 3.4.3. Realizar la división binaria $110011011101_2/111_2$.

Tomamos 3 cifras del dividendo 110 y vemos que es más pequeño que el divisor 111, por lo tanto, tomaremos 4 cifras 1100, cabe 1 vez en 111, (en este sistema solo puede tocar a 1 o a cero) recordemos que para dividir usamos la multiplicación y la resta, la multiplicación porque multiplicamos el divisor por el cociente, restamos la parte correspondiente al dividendo y a partir de ahí bajamos número y así sucesivamente.

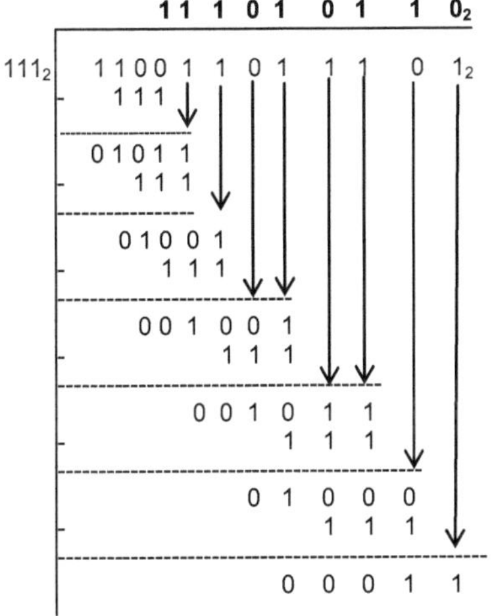

Ejemplo 3.4.4. Realizar la división binaria $111100101111_2/1011_2$.

Tomamos 4 cifras del dividendo 1111 y vemos que es más grande que el divisor 1011, por lo tanto, toca a 1, y realizamos las operaciones subsecuentes como se muestra a continuación:

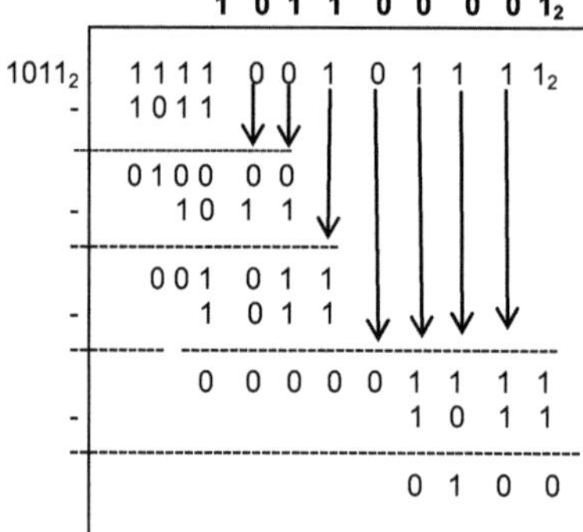

- **División de números Octales.**

Para realizar la división octal se hace igual que si estuvieras dividiendo con números decimales, se multiplica, se resta se bajan cifras, debes emplear las operaciones vistas anteriormente en octal, tomando en cuenta siempre la base 8.

Ejemplo 3.4.5. Realizar la división octal $16_8 / 4_8$

Tenemos que hacer una multiplicación en octal para ver cuántas veces cabe el 4 en 16. Realizándola nos queda 4*3= 14_8 (Recuerda que es multiplicación octal), toca a 3 y hacemos la resta para obtener el residuo.

Ejemplo 3.4.6. Realizar la división octal $543210_8 / 22_8$

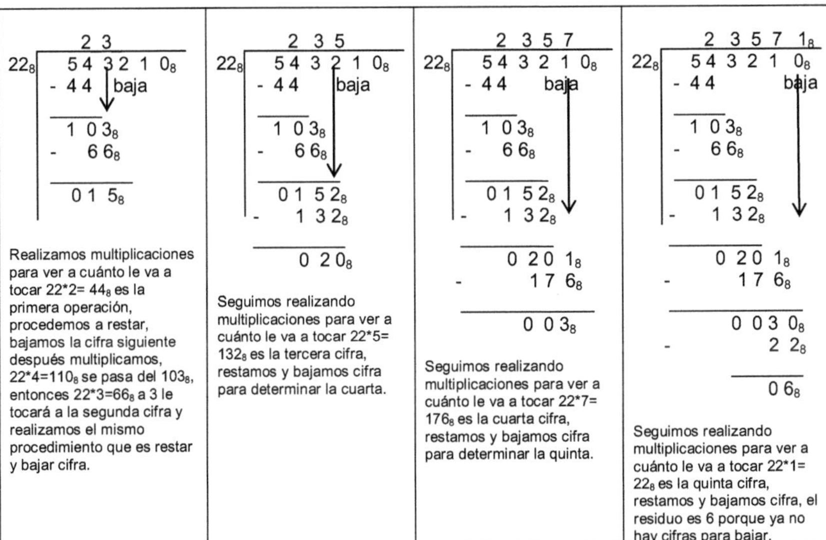

Realizamos multiplicaciones para ver a cuánto le va a tocar 22*2= 44_8 es la primera operación, procedemos a restar, bajamos la cifra siguiente después multiplicamos, 22*4=110_8 se pasa del 103_8, entonces 22*3=66_8 a 3 le tocará a la segunda cifra y realizamos el mismo procedimiento que es restar y bajar cifra.

Seguimos realizando multiplicaciones para ver a cuánto le va a tocar 22*5= 132_8 es la tercera cifra, restamos y bajamos cifra para determinar la cuarta.

Seguimos realizando multiplicaciones para ver a cuánto le va a tocar 22*7= 176_8 es la cuarta cifra, restamos y bajamos cifra para determinar la quinta.

Seguimos realizando multiplicaciones para ver a cuánto le va a tocar 22*1= 22_8 es la quinta cifra, restamos y bajamos cifra, el residuo es 6 porque ya no hay cifras para bajar.

Ejemplo 3.4.7. Realizar la división octal $154732562567_8 / 57_8$

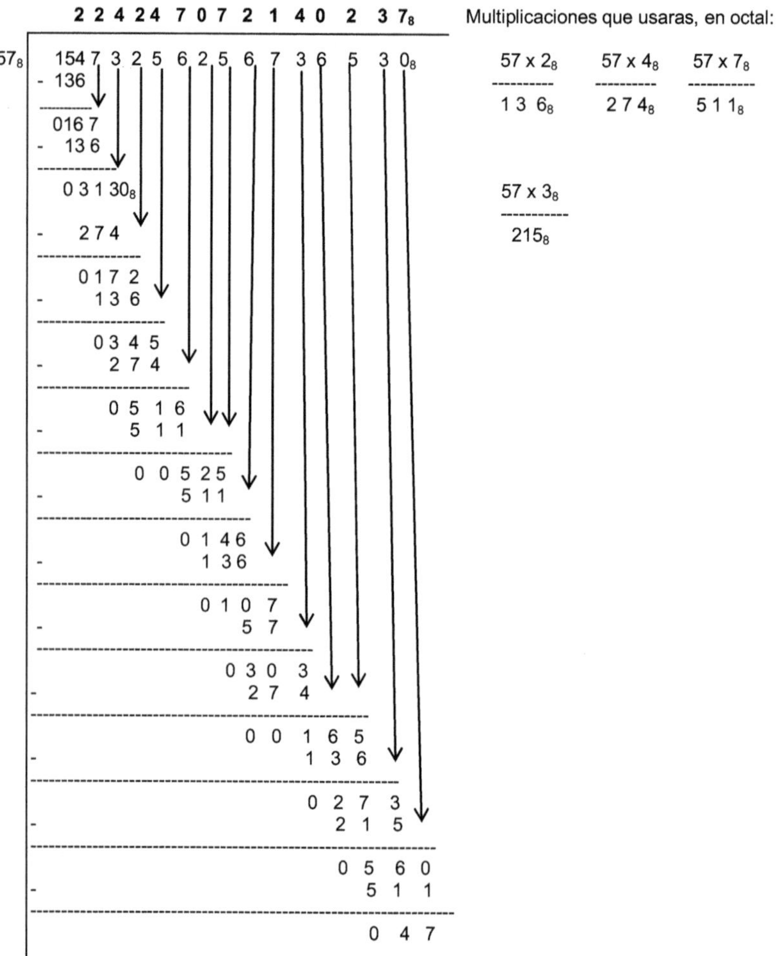

Multiplicaciones que usaras, en octal:

$57 \times 2_8$ $57 \times 4_8$ $57 \times 7_8$

$1\,3\,6_8$ $2\,7\,4_8$ $5\,1\,1_8$

$57 \times 3_8$

215_8

Ejemplo 3.4.8. Realizar la división octal $1547325625_8 / 27_8$

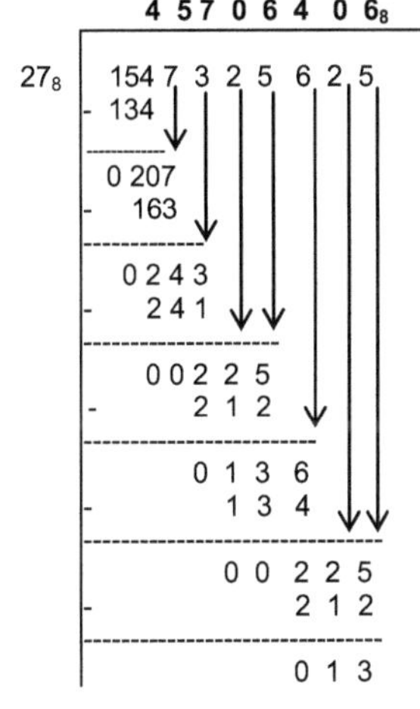

Multiplicaciones que usaras, en octal:

$27 \times 5_8$	$27 \times 4_8$	$27 \times 7_8$
$1\ 6\ 3_8$	$1\ 3\ 4_8$	$2\ 4\ 1_8$

$27 \times 6_8$

$2\ 1\ 2_8$

Ejemplo 3.4.9. Realizar la división octal $4777656347_8 / 65_8$

Multiplicaciones que usaras, en octal:

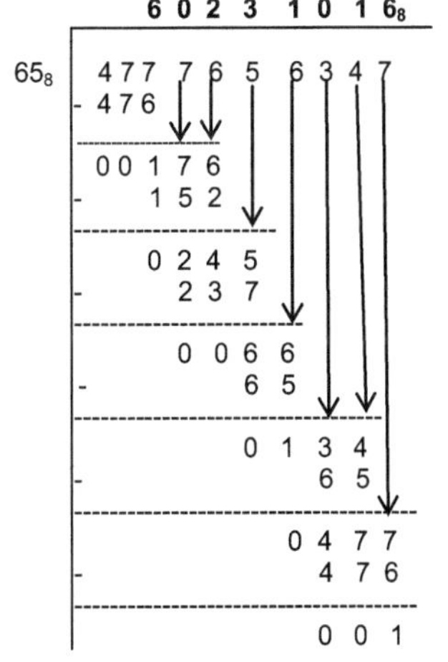

$65 \times 6_8$	$65 \times 2_8$	$65 \times 3_8$
$4\ 7\ 6_8$	$1\ 3\ 4_8$	$2\ 4\ 1_8$

- **División de números Hexadecimales**.

Para realizar la división se hace igual que si estuvieras dividiendo con números decimales, se multiplica, se resta se bajan cifras, debes emplear las operaciones vistas anteriormente en hexadecimal, tomando en cuenta siempre la base 16.

Ejemplo 3.4.10. Realizar la división Hexadecimal 56A7BC / AB5 $_{16}$

Primeramente, analizamos las 3 primeras cifras del dividendo 56A contra AB5, nos fijamos que AB5 es mayor que 56A, porque al comparar la primera cifra de 56A con la primera cifra de AB5, una es 5 y la otra es A (10) por lo tanto para dividir se tendrán que tomar 4 cifras.

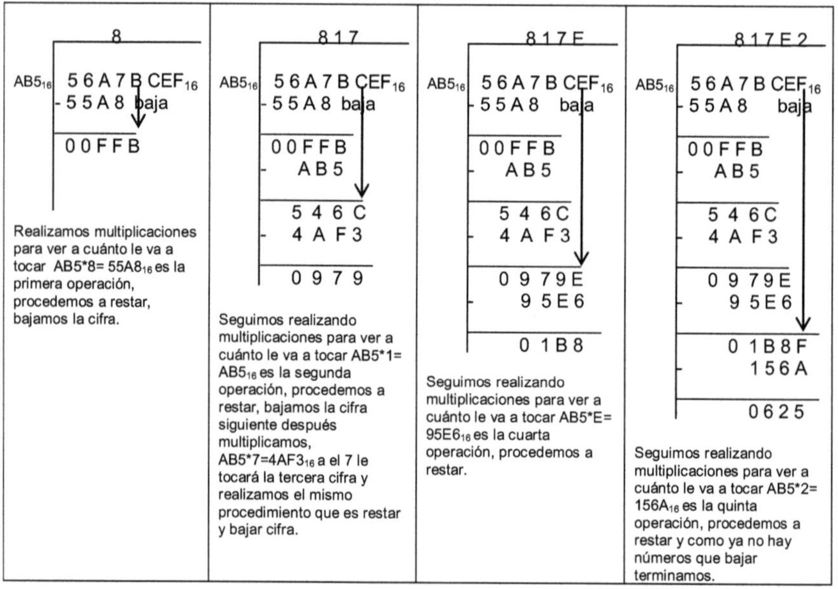

Ejemplo 3.4.11. Realizar la división Hexadecimal $123ABE189A5678_{16}$ / DC $_{16}$

Primeramente, analizamos las 2 primeras cifras del dividendo 12 contra DC, nos fijamos que DC es mayor que 12, porque al comparar la primera cifra del dividendo tiene un valor de 1 contra la primera cifra de divisor D que tiene un valor de 13, por lo tanto, para dividir se tendrán que tomar 4 cifras y posteriormente seguir el siguiente procedimiento:

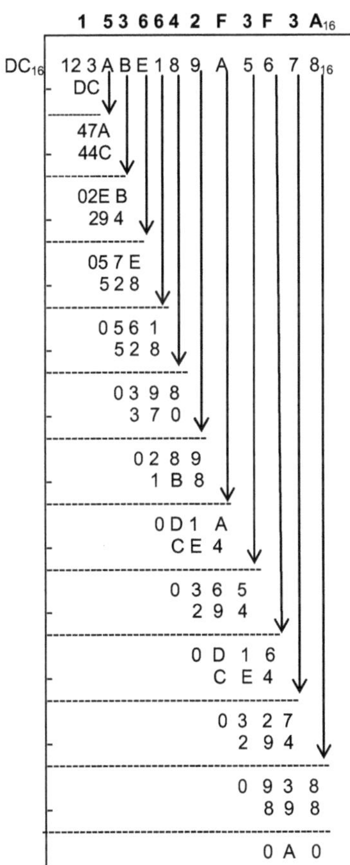

Multiplicaciones que usaras para resolver la división :

DC X 5_{16}	DC X 3_{16}	DC X 6_{16}	DC X 4_{16}
$44C_{16}$	294_{16}	528_{16}	370_{16}

DC X 2_{16}	DC X F_{16}	DC X A_{16}
$1B8_{16}$	$CE4_{16}$	898_{16}

Ejemplo 3.4.12. Realizar la división Hexadecimal $5C3E5EE4B37C_{16} / BEC_{16}$

Primeramente, analizamos las 3 primeras cifras del dividendo 5C3 contra BEC, nos fijamos que BEC es mayor que 5C3, porque al comparar la primera cifra de B del divisor con la primera cifra 5 del dividendo una tiene el valor de B (11) y la otra es 5 por lo tanto B es mayor que 5, para dividir se tendrán que tomar 4 cifras y posteriormente seguir el siguiente procedimiento:

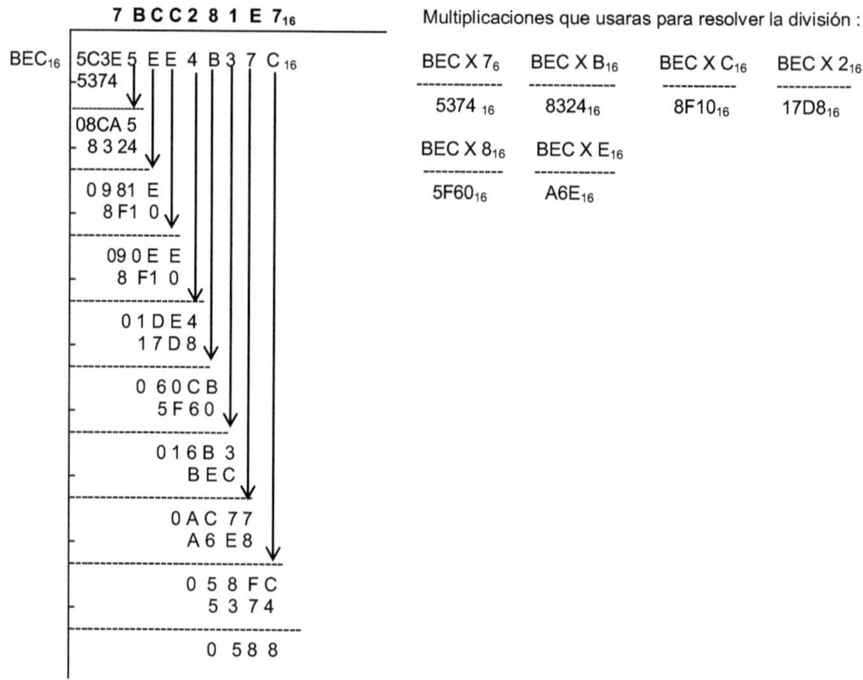

Ejemplo 3.4.13. Realizar la división Hexadecimal $FFABC569437C3E5_{16}$ / $CDB5_{16}$

Primeramente analizamos las 4 primeras cifras del dividendo FFAB contra CDB5, nos fijamos que FFAB es mayor que CDB5, porque al comparar la primera cifra de F del divisor con la primera cifra C del dividendo una tiene el valor de F(15) y la otra es C(12) por lo tanto F es mayor que C, para dividir se tendrán que tomar 4 cifras y posteriormente seguir el siguiente procedimiento:

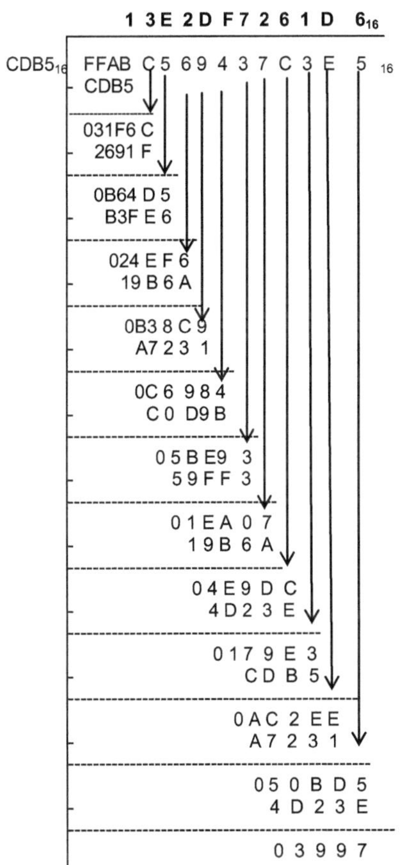

Multiplicaciones que usaras para resolver la división :

$CDB5 \times 3_6$	$CDB5 \times E_6$	$CDB5 \times 2_6$	$CDB5 \times D_6$
$2691F_{16}$	$B3FE6_{16}$	$19B6A$	$A7231_{16}$

$CDB5 \times F_6$	$CDB5 \times 7_6$	$CDB5 \times 6_6$
$C0D9B_{16}$	$59FF3_{16}$	$4D23E_{16}$

BIBLIOGRAFÍA

1. Briceño V., Gabriela. (2018). *Sistemas numéricos.* Recuperado el 16 mayo, 2022, de Euston96: https://www.euston96.com/sistemas-numericos/

2. http://www.uaeh.edu.mx/docencia/P_Presentaciones/tizayuca/ing_computacion/Intro%20a%20la%20Elect%20Digital.pdf

3. http://www.ceibal.edu.uy/UserFiles/P0001/ODEA/HTML/091111_binario.elp/sistema_binario.html

4. https://sites.google.com/site/electronicadigitaluvfime/1-1-sistemas-decimal-binario-octal-y-hexadecimal

5. Abd-El-Barr, M. El-Rewini, H. 'Fundamentals of Computer Organization and Architecture," Wiley - Interscience, USA 2005

More
Books!

OMNIScriptum